머니게임 시대, 주식이 답이다

머니게임 시대, 주식이 답이다

1판 1쇄 인쇄 | 2019년 12월 15일
1판 2쇄 발행 | 2020년 2월 7일

지은이 | 김원기
펴낸이 | 한미영
펴낸곳 | 글로벌북스

총괄본부장 | 한세원
기획·편집 | 손지훈
마케팅 | 박은숙
경영지원 | 김사랑
디자인 총괄 | 맹득재
업무지원 | 도은, 수현

출판등록 | 2013년 12월 3일 제 2013-000376호
주소 | 서울시 마포구 희우정로 16, 701호
주문전화 | 02-3142-2324
팩스 | 02-338-3348

표지·본문 | 정현옥
종이 | 월드페이퍼(주)
인쇄 | 한영문화사

값 16,000원

ISBN 979-11-952235-2-7

은퇴 없는 평생직장, 주식투자로 준비하라

머니 게임 시대, 주식이 답이다

김원기 지음

글로벌북스

은퇴 없는 평생직장, 주식투자로 준비하라

☕ 100세 시대, 주식으로 평생직장을 확보하라!

대한민국은 자본주의국가이다. 자본주의가 사회주의와 다른 가장 큰 특징은 사유재산과 자유로운 투자행위가 허용된다는 점이다. 그렇기에 각 개인은 자기만의 방법으로 자산을 불릴 방법을 찾아야 한다.

100세 시대는 이미 와 있다. 은퇴는 빨라지고 수명은 길어졌다. 은퇴 후 긴 시간을 돈 걱정 없이 살기 위해서는 그에 대한 준비는 필수다. 준비된 사람에게 100세 시대는 축복이지만, 준비가 되지 않은 경우는 고행의 길일 수밖에 없다.

노동을 통한 수입, 즉 일해서 버는 돈에는 한계가 있다. 아무리 열심히 일해도 부자가 되기는 어렵다. 가족의 생계유지를 위해서는 부족하지 않을 수 있지만, 길고긴 인생을 여유롭게 살기에는 턱없이 부족하다. 게다가 은퇴도 빨라져 어느 시점이 되면 사업주로부터 '이제 그만'이라는 말을 뒤로하고 집으로 돌아와야 한다. 내가 원하는 시간 내내 고정적인 수입을 거두기조차 쉽지 않은 요즘이다.

따라서 이제는 누구나 100세 시대를 살아갈 준비를 해야 한다. 한계가 명확한 '노동'이 아닌, 한계가 없고 은퇴도 없는 '투자'밖에는 길이 없다.

투자란 돈이 나를 위해서 일하도록 하는 것이다. 돈이 잠자도록 놔두지 않고, 구르고 굴러서 눈덩이처럼 커지게 만들어야 돈 걱정 없이 길어진 인생을 잘살아갈 수 있다.

💲 투자는 선택이 아닌 필수!

투자는 해도 되고 안 해도 되는 선택이 아니다. 누구나 해야 하는 필수가 되었다. 남보다 잘먹고 잘산다는 목표가 아니더라도 이제 투자는 학교에 다니는 것처럼, 직장을 구하는 것처럼 반드시 해야 하는 통과의례가 되었다.

선진국으로 갈수록 경제가 발전할수록 주식투자는 부를 창출하는 수단으로써의 중요성이 높아질 것이다. 이미 장년기에 들어선 한국경제에 과거와 같은 고금리 상품이나 부동산 폭등은 기대하기가 어렵게 되었다. 남은 것은 주식투자뿐이며, 주식을 통한 수익 창출의 기대도 높은 상황이다. 이는 과거처럼 국내에만 머물지 않고,

투자자들이 전세계를 돌며 투자처를 찾기 시작했기 때문이며, 과거에 쌓은 경험과 데이터를 통해 우리나라가 걸어온 길을 현재 걷고 있는 신흥국에 어떻게 투자해야 하는지 알게 되었기 때문이다. 세계 최고의 기업, 세계에서 상승 가능성이 가장 높은 기업을 살 수 있는 것이 바로 주식투자다. 주식투자는 국경과 지역을 초월한다. 주식이 부동산, 자영업, 직장생활과 다른 가장 큰 차이점이다.

따라서 정보를 얻기 쉬운 국내 주식투자를 기본으로 하면서, 향후 상승이 기대되는 해외주식에도 투자하면서 포트폴리오를 다양화하는 투자자로 변모해야 한다. 장기적인 안목으로 국내는 물론 돈이 이동하는 국가들을 집중 공략하는 스마트한 투자는 필수다.

🔟 은퇴 없이 평생 돈 버는 법!

한참을 더 일해도 되는 청년 같은 은퇴자들이 은퇴시장으로 몰려들고 있다. 베이비부머의 은퇴는 이미 시작되었고, 한해 은퇴자만 100만 명에 육박하는 시기가 곧 온다. 은퇴 이후의 삶도 치열한 경쟁이 예상된다. 자영업도 앞날이 밝지 않다. 너나 할 것 없이 좁은 문으로 몰려들고 있기 때문이다.

하지만 주식투자는 스스로 물러서지 않는 한 누구에게도 은퇴를 강요당하지 않고, 자영업처럼 은퇴자금을 모두 쏟아넣어야 하는 리스크도 피할 수 있다. 자신의 그릇만큼 처음에는 조금씩 투자해서 실력을 키워가면서 금액을 늘려가면 된다. 직장에 다닐 때도 은퇴 후에도 투자할 수 있으며, 자전거 배우기처럼 한번 습득하면 평생 유용하게 사용할 수 있는 유익한 수단이다.

주식투자가 위험하다는 인식은, 투자자들이 위험을 생각하지 않고 준비 없이 욕심만으로 뛰어들기 때문이다. 균형을 잃지 않고 안전마진을 확보하면서 서서히 스며든다면 주식은 단기간에 큰 수익이 기대되는 매력적인 투자 수단이다. 그 믿음은 내가 평생에 걸쳐 만들어온 '신가치투자'에 대한 믿음에서 기인한다. 위험하지 않게 큰수익을 기대할 수 있는 주식투자의 진면목을 경험하고 싶다면 이 책에서 말하는 '신가치투자법'을 자기것으로 만들면 된다.

투자가 필수인 시대가 왔다고 하니 급하게 뛰어들어서는 곤란하다. 안전하게 항해할 계획을 세워야 한다. 올바른 투자습관을 길러야 하며, 기본을 튼튼히 다져야 한다. 모든 스포츠의 기본은 자세에 있다. 주식 역시 화려한 기술보다 기본이 중요하다. 기본이 정립되지 않은 상태에서 곧바로 실전에 뛰어들기 때문에 투자에 실패하는 것이다. 이는 나쁜 투자습관으로 이어지기 쉬우며, 투자자에게 원금회복에 대한 조급증을 불러와 불행한 결론으로 끝나기 쉽다.

👁 투기를 지양하고, 투자를 지향하라!

신가치투자는 기존 투자자뿐만 아니라 이제 막 투자를 시작하려는 사람들에게 '투기' 없이 '투자'를 하면서도 마음 편히 큰 꿈을 꾸게 하는 마법의 주식투자법이다. 당신을 기본으로 시작해 고수가 되는 길로 안내한다. 많은 사람들이 불어난 계좌로 이를 증명하고 있으며, 목격하고 경험한 사람들이 신가치투자자의 대열에 합류하고 있다.

투자로 어려움을 당하고 있거나, 원금회복을 넘어 투자로 부자의 꿈을 이루고 싶다면, 그리고 이번만큼은 실패하고 싶지 않다면 답은 신가치투자에 있다.

⑤ 초등학생으로 입학해 대학생으로 졸업하자!

초보자나 전문투자가가 손실이 일상인 주식시장에서 얼마나 오랫동안 투자를 해왔는가는 중요하지 않다. 문제는 이 싸움에서 승리를 안겨주는 '무기'를 갖추었느냐에 있다. 투자를 수십 년 해온 투자자라도 나쁜 습관을 버리지 않으면 실패만 반복될 뿐이다.

되돌아봐야 하고, 바꿔야 한다. 그리고 과거의 것들은 모두 버려야 한다. 처음 시작한다는 마음으로 이미 충분히 그 가치가 증명된 신가치투자의 대열에 합류해야 한다. 초등학생으로 입학해 대학생으로 졸업한다는 마음가짐이 중요하다. 여기에 실전의 옷을 덧입는다면 전문가로 거듭날 수 있다. 이 책을 다 읽고 나면 누구나 고수처럼 투자할 수 있다.

내가 평생에 걸쳐 정립해온 신가치투자법은 위험 없이 안정적이고 꾸준하다. '신가치투자법'은 매집이 이루어지고 저평가된 종목을 선별하여 급등 직전에 매수하는 방법이며, 기존 가치투자의 지루함을 극복한 투자법이다. '신가치투자법'을 마스터한다면 안정된 수익창출이 가능하므로 고수를 부러워할 필요도 없다. 공부와 실전을 병행하다보면 어느새 자신감이 붙고 주식의 흐름을 읽는 눈이 생길 것이다.

이 책은 '나눔'을 실천하는 내 인생의 좌우명에 따라 쓰여졌다. 수많은 고통을 겪으며 만든 '신가치투자법'을 나누어 이 책을 접한 사람들이 길어진 인생을 행복으로 채워가길 바라는 마음이다.

머니게임 시대, 주식이 답이다 차례

| PART 2 | 돈의 흐름 속에 투자의 지름길이 있다

| PART 3 | 해외 투자, 지금이 최적기

PART 1

신가치투자로
미래를 준비하라

신가치투자로 부자가 되어서 자신도 꿈을 이루고, 부를 나누어 주변사람
들도 부자가 되도록 도와야 한다. 이는 내가 언제나 가슴에 품고 있는 '나
의 원동력'에도 담겨 있는 내용이다.

CHAPTER 1

신가치투자의
탄생 배경

신가치투자는 내가 오랜 세월 동안 주식투자로 성공과 실패를 거듭해 오면서 만들어낸 실전투자법으로 매우 간단하면서도 강력한 효과를 발휘한다. 어떤 시장에서도 통하는 단순명쾌한 비법을 손에 쥐기까지는 많은 우여곡절이 있었다. 다른 책에서도 이미 밝힌 바 있으나 내가 살아온 인생을 잠시 엿본다면 신가치투자가 왜 대단한 투자법인지 조금이나마 이해할 수 있으리라 생각한다.

나는 본래 강원도 두메산골의 가난한 집 아들이었다. 2남 3녀 중 장남으로 태어나 어린시절부터 집안일을 해야만 했다. 가정형편이 어렵다 보니 할머니 집에서 더부살이처럼 지내며 온갖 일을 했다. 산속에서 움막을 짓고 소를 키우기도 했는데, "산 속에서 소를 키우며 살면 송아지 한 마리를 준다"는 말을 듣고 아무도 찾지 않는 깊은 산중에서 홀로 목동 생활을 하기도 했다.

밤에는 산속에서 들리는 동물들의 소리, 바람 소리 때문에 무서움과 두려움에 싸우며 날을 지새우기도 했다. 그럴 때면 '나는 왜 이렇게 외롭고 가난하게 살아야 하나?'라는 생각을 했다. 그리고 커서 어른이 되면 부자가 되어 가난을 벗어던지고 집안을 일으켜야겠다고 다짐하고 또 다짐했다. 또한 이때의 경험이 내 인생의 자산이 되어 아무리 힘든 일을 해도 참고 견디는 강인한 마음이 자리 잡았고, 남들은 넘기 어려운 장애물도 일단 부딪혀 보고 뛰어넘는 대담함이 어린 내 마음에 싹틀 수 있었다.

하지만 가난은 마음만 먹는다고 하여 쉽게 벗어던질 수 있는 옷이 아니다. 그 옷이 부끄러워도 입을 수밖에 없는 인생의 굴레와 같은 것이다.

1986년으로 기억한다. 서울에 올라온 나는 도심 한복판에서 노점장사를 했는데, 당시 내가 살던 집 근처에 증권회사가 있었다. 내 머릿속에는 온통 '어떻게 하면 부자가 될 수 있을까'라는 생각이 가득했던 시절이라 주식이라면 부자로 가는 길이 있을 것만 같았다. 호기심을 안고 증권사 객장으로 무작정 들어갔다. 지금은 초단위로 핸드폰만 있어도 거래가 가능하지만 그 당시에는 종이영수증에 적어서 매수, 매도를 했고 한번 매수하면 3일이 지나야만 매도가 가능했다.

객장 안은 그야말로 신세계였다. 객장 안을 가득 메운 사람들이 분주히 주식을 사고팔고, 시세를 확인하며 서로 대화를 나누고 있었다. 이유는 알 수 없지만, 내가 있어야 할 곳에 이제야 도착한 것처럼 마음이 편안하고, 한시라도 빨리 저 대열에 합류해야 겠다는 생각이 들었다. 얼마 전 본 뉴스를 통해 최근 증권과 은행, 보험, 건설주가 연일 폭등세를 연출한다는 정보를 들은 터였다.

곧바로 주식투자를 시작했다. 사실 주식에 대해 아무것도 알지 못하고 시작한 깜깜이 투자였다. 그저 당시 유행하던 트로이카붐에 편승하여 관련주를 샀고, 소가 뒷걸음치다 쥐 잡은 격으로 수익이 났다.

하지만 나에게 첫 주식투자와 수익은 운명적인 만남이었다. 이후로 내 인생은 주식과 한시도 떨어지지 않는 주식인생 자체가 되었기 때문이다.

첫 투자에서 수익이 났지만 어디까지나 그건 행운이었다. 이후 혹독한 시련이 찾아왔다. 매일 주식을 빈번히 사고팔면서 알콜중독보다 무섭다는 시세중독에 빠졌다. 가끔 어쩌다 수익이 나는 경우도 있었지만 대부분의 투자에서 손실을 보았다. 신문에서 추천하는 종목을 사보기도 하고, ARS를 들으며 전문가가 추천하는 종목을 사기도 했다. 하지만 모두 실패였다. 투자에 대한 원칙도 주식을 보는 안목도 없이 돈을 벌겠다는 욕심만 앞세워 했던 투자는 그렇게 나에게 큰 고통과 시련만 남긴 채 일단락이 되었다.

이후 요식업을 시작하였다. 장사수완이 좋았는지 꽤 크게 성공하였다. 당시에도 주식투자로 손실이 계속되었지만 장사로 벌어들인 수입이 꽤나 많았기에 생활에는 별 지장이 없었다. 이 때도 원칙에 의한 투자라기보다는 그저 좋아보이는 종목을 찍는 형식으로 주식을 사고팔았다.

그렇게 장사와 투자를 병행하다가 1997년부터는 보다 적극적으로 주식투자를 시작하였다. 당시에는 차트를 보기가 쉽지 않았던 시절이었다. 차트에 대한 갈증에 시달리던 나는 거금을 들여 차트를 볼 수 있는 프로그램을 구입했고, 동시에 여러 가지 주식책도 읽으며 공부했다. 때마침 IT혁명이 불처럼 타오르던 때라 관련주들이 앞다투어 폭등하였다.

2000년 초까지 불어닥친 주식시장에서의 IT버블로 인해 나는 큰 수익을 거두었다. 그동안 계속된 실패를 상쇄하고도 남을 만큼 단기간에 많은 돈을 벌 수 있었다. 이를 계기로 자신감이 고취되어 번창하던 요식업을 과감히 정리하고 본격적으로 전업투자자의 길로 들어서게 되었다. 주식투자에 전념한다면 더 쉽게 더 빨리 큰 부를 이룰 수 있다고 믿었다. 부에 대한 나의 목표는 당시에도 그만큼 큰 것이었다. 어린시절부터 반복되어온 다짐들이 한몫 했으리라 생각한다.

그런데 운명의 장난이었을까. 전업투자자로 돌아선 그 때는 대한민국을 휩쓸던 IT버블이 마치 신기루처럼 사라지던 때였다. 폭등에 폭등을 거듭하던 종목들에서 이번에는 대탈출이 시작되었다. 마치 지구에 종말이라도 오는 것처럼, 나라가 망하는 것처럼 탈출행렬의 발걸음은 빛의 속도처럼 빨랐다.

내 계좌의 자금이 줄어드는 속도도 그만큼 빨랐다. 연일 하한가와 급락이 반복되면서 믿을 수 없는 일이 나에게 일어났다. 그 많던 자금이 순식간에 블랙홀로 빨려들어가는 것만 같았다. 고통의 나날들이었다. 다음날 잠에서 깨어 일어나면 누군가가 나에게 "이 모든 것은 꿈이었고, 장난이었다. 그러니 이제 다시 시작하자"고 말해주기를 간절히 바랬다.

하지만 그것은 꿈이 아니었다. 내 앞에 닥친 엄연한 현실이었다. 막중하고 막연했다. 이제부터는 신기루처럼 사라져버린 자금을 다시 모아야 하는 막중한 책임이 나에게 주어졌고, 어떻게 다시 일어설 수 있을지 막연했다. 엎친 데 덮친 격으로 그해 여름 교통사고까지 당했다. '내 인생은 이렇게 일장춘몽으로 끝나는가' 하는 탄식과 함께 어린시절부터 꿔왔던 부자에 대한 꿈과 나에게 일어났던 일들이 주마등처럼 스쳐 지나갔다.

교통사고를 당하여 거동이 불편했던 나는 오랫동안 병원 신세를 져야 했다. 병실에 누워 있으니 다시 주식 생각이 났다. 그나마 남아 있던 자금을 끌어모아 병실에 앉아 주식투자를 시작했다. 이때는 PC를 통해 HTS로 매매가 가능했던 때였다. 물 만난 고기처럼 주식에 대한 갈증을 풀어나갔다. 조용한 병실에 앉아 하루종일 사고팔기를 반복했다.

하지만 투자라는 것이 그렇게 해서 될 일인가. 잦은 매매는 언제나 불행으로 종결된다. 결국 남은 자금마저도 대부분 잃고 말았다. 처음으로 주식을 시작했던 나에 대한 후회가 밀려왔다. '처음부터 벌지나 말았으면 이렇게 끝나지는 않았을 텐데' 하는 한없는 자괴

감이 밀려왔다. 그 전까지는 투자로 돈을 잃어도 앞만 보고 불도저처럼 밀고갔는데, 이번에는 달랐다. 의욕마저 완전히 꺾이고 말았다. 의욕이 남아 있다 해도 그 투전판에 끼어들 돈이 없었다(당시까지 나에게 주식시장은 노름과 같은 슬럼머신이나 다름없었다).

몸과 마음이 만신창이가 되어버린 나는 매일 '죽음'을 떠올렸고, 한강을 배회했고, 안주도 없이 매일 마른 소주를 마시며 추락해 버린 내 인생을 잊으려고 발버둥을 쳤다.

시간의 치유력은 놀라울 정도며, 추락해 버린 인생을 다시 일으켜 세우는 인간의 의지력은 대단한 것이다. 숨만 쉬며 살 것 같았던 내 인생에도 다시 서서히 볕이 들기 시작했다.

교통사고로 받은 보험금으로 분식가게를 시작했다. 5평도 안 되는 작은 가게였지만 다시 시작할 수 있다는 희망에 부풀어 있었다.

'주경야독, 형설지공.'

고사성어를 떠올리며 낮에는 일 하고 밤에는 주식공부를 하였다. 제갈공명이 군사를 몰아 위 토벌에 나서며 그 유명한 '출사표'를 썼던 것처럼, 나 역시 어렵게 다시 잡은 기회였기에 주식을 대하는 자세가 남달랐고, 내 마음의 출사표를 써내려갔다. 반드시 이기고 말겠다는 의지가 매우 강하였다. 하루 일과가 끝나면 분식가게에 있는 다락방으로 올라가 주식을 공부했다. 모든 사람과 연락마저 끊고 오로지 주식공부에만 열을 올렸다. 지금 생각해 보면 어떻게 그처럼 결연한 의지로 주식을 대할 수 있었는지 대견하기도 하고, 놀랍기도 하다.

'상한가 따라잡기, 하루에도 수십 번씩 잦은 매매, 몰빵 투자, 부실주 매매, 기업가치 무시…'

내가 버려야 할 목록들이 하나둘씩 쌓여갔다. 한편으로는 '가치투자, 시간과의 싸움, 저평가주, 분산투자, 기다림을 줄이는 법' 등 나만의 투자원칙이 만들어져 갔다. 복수의 칼날을 갈며 강호에 나가는 그 날을 준비하는 무사와 같았다고나 할까. 그만큼 절실했고, 또 한 치의 실수도 용납하지 않겠다는 다짐을 완성시켜줄 치밀한 투자법을 만들어 나갔다.

그동안 나의 투자는 기준과 원칙이 없는 마구잡이식의 투자였다. 빈번히 사고팔면서 손실이 누적되고, 수수료만 쌓여가는 구조였다. 종목선정에 있어서도 기업 본연의 가치분석이 빠져 있었다. 오로지 수급에 의한 잦은 매매만 있었고, 투자가 아닌 투기에 가까웠다.

실패를 통해 깨달은 문제점들을 복기하고, 대가들의 책에서 얻은 지혜를 융합하자 결국 최종적으로 떠올려진 단어는 '가치투자'였다. '그 길만이 살 길이구나.' '그들이 가치투자를 강조했던 이유가 있었구나' 하고 무릎을 쳤다.

벤저민 그레이엄, 워런 버핏, 피터 린치의 투자법이 내 가슴속에 녹아들었고, 그들이 강조한 기본적 가치의 중요성을 뼈저리게 깨달았다. 투자에서 최소한의 방패가 되어줄 비책들이었다. 아울러 조셉그린빌과 엘리어트 파동의 기술적 분석, 매집 등 실전에서 칼이 되어줄 기법들을 익혔다.

이처럼 창과 방패를 결합하여 만든 투자법이 가치투자의 단점을 보완한 진일보한 가치투자, 즉 '신가치투자'다. 원금을 보장해줄 뿐만 아니라, 시세차익과 배당을 받는 1석2조의 효과를 누릴 수 있다.

무공을 연마한 내가 다락방에서 내려오니 4개월의 시간이 흘러 있었다. 세상은 바뀐 것이 하나 없었지만, 세상을 대하는 나는 바뀌어 있었다.

신가치투자로 무장한 나는 서두르지 않고 원칙에 입각하여 사야할 종목들을 선별해 갔다. 주식의 가치에 기반하면서도 가치투자의 지루함을 없앤 투자법이 신가치투자다. 따라서 단기간에 급등도 가능하다. 중, 장기적인 안목으로 주식을 사지만, 급등이 오면 이는 보너스와 같다. 하지만 급등이 없어도 상관없다. 시간이 조금 더 걸릴 뿐 목적지에 도달하는 것은 마찬가지다. 조금 더 빨리 가느냐, 늦게 가느냐의 차이가 있을 뿐이다.

오히려 급등이 오면 조급증이 생겨 시세를 충분히 누리지 못하고, 빨리 팔아버릴 수도 있다. '주식이 자신의 가치를 찾아가는 시점까지 보유하라. 빨리 가든 늦게 가든 신경 쓰지 말라. 오로지 적정가치가 어디까지인지 치밀하게 측정하라.' 나는 항상 이렇게 투자원칙을 정하고, 투자자들을 설득한다.

그러므로 신가치투자는 충분히 빠른 속도로 투자자들의 부를 늘려준다. 지루한 시간과의 싸움을 해야 하는 가치투자의 단점을 보완했기 때문이다.

신가치투자법을 처음으로 활용한 때는 2003년부터 2005년 사이 황우석 박사 열풍과 함께 바이오주에 붐이 일었을 때였다. 일시적 현상이 아닌 가치를 머금은 시대의 조류라 판단했다.

중앙백신, 산성피앤씨 등이 200일선에서 매집을 완료하고 비행을 준비하자 가진 자금으로 주식을 매수해 나갔다. 시세가 한창 분출하는 상황에서 따라잡던 과거의 습관은 더 이상 남아 있지 않다. 답답한 흐름 속에서 충분한 매수기회를 가지며 날아오를 것이라는 확신을 갖고 주식 수를 늘려갔던 것이다. 당장 수익이 나지 않아도 조급하지 않았으며 마음이 무척 편한 투자였다.

때가 되자 응집했던 힘이 폭발하면서 마치 스프링처럼 위를 향해 튀어오르는 주식의 흐름을 확인할 수 있었다. 기다림에 대한 보상이라도 해주듯 무섭게 급등하여 한 번의 투자로 크게 수익이 났고, 그동안의 손실을 만회할 수 있었다.

신가치투자는 나에게 큰 선물을 안겨주었다. 수익도 수익이거니와 2006년에는 애널리스트로 데뷔하는 기쁨을 맛보았다.

2008년 발생한 서브프라임모기지론 사태는 신가치투자를 다시 한 번 검증할 기회였다. 모두가 공포에 놀라 투매의 대열에 동참할 때 신가치투자는 그 위력을 여실히 보여주었다. 주식방송에 출연하여 두려움에 떨던 투자자들에게 지금 사야 하는 종목들을 추천하였다. 싸게 살 수 있는 이 기회를 놓치지 말 것을 강조했다. 결국 주가는 언제 그랬냐는 듯이 빠른 속도로 자신의 가치를 회복하였고, 나아가 튀어 오르는 탄성에 의해 위기 이전보다 더 높이 상승하였다.

머니게임시대, 주식이 답이다

2012년에는 또 다른 주식방송에 출연하여 철지난 차화정(자동차, 화학, 정유)을 버리고 비상을 준비하는 종목을 매수하라고 역설하였다. 곧 개별주 장세가 도래한다고 강력하게 설파했고, 그 후 제약, 바이오주를 비롯한 개별주들이 크게 상승하였다. 신가치투자의 위력과 보람을 느낀 사례들이다.

지금 이 시간에도 주식투자로 삶의 무게를 힘들게 지탱해가고 있을 많은 투자자들에게 희망과 행운이 깃들기 진심으로 바라며 실패와 고통에 멍든 투자자들이야말로 신가치투자를 익혀서 새롭게 태어나야 한다. 신가치투자로 부자가 되어서 자신도 꿈을 이루고, 부를 나누어 주변사람들도 부자가 되도록 도와야 한다. 이는 내가 언제나 가슴에 품고 있는 '나의 원동력'에도 담겨 있는 내용이다. 신가치투자가 널리 알려져 많은 사람들이 부자가 되고, 대한민국이 금융강대국이 되기를 바란다.

CHAPTER 2

배당과 시세차익을 동시에 노리는, 1석2조의 신가치투자

신가치투자란 무엇인가?

앞서 신가치투자는 단순하면서도 강력하고, 기존 가치투자의 지루함을 보완한 새로운 개념의 가치투자임을 강조하였다. 가치투자는 차트에 연연하지 않고 기업의 장기적인 성장성에 포커스를 두고 있다.

하지만 신가치투자는 먼저 차트를 분석한다. 이처럼 차트를 분석하여 이평결집의 매집을 확인하고 저평가 국면에 놓여 있는 끼 있는 종목을 선별하여 상승의 초입이라 할 수 있는 엘리어트 파동의 2파 국면에서 분할 매수한다. 주식의 가격이 시세보다 저렴하고 매력적인 구간에서 매수하기 때문에 손절이 없다. 한 번 매수를 하면 시세가 나올 때까지 보유한다. 그만큼 실패가 없는 편안한 투자법이며, 이처럼 보유하고 있으면 안정적인 급등시세를 누릴 수 있다.

신가치투자의 장점은 세력이 매집한 저평가 종목을 선별한다는 데 있다. 저평가 구간에 있기 때문에 싼 가격에 대량으로 매수할 수 있고, 일반 가치투자에 비해 빠른 수익을 거둘 수 있다. 한 번 매수하면 시세가 다할 때까지 보유하므로 잦은 매매로 낭패를 당하는 일을 방지할 수 있다. 자금이 한정적이고, 잦은 매매로 손실을 누적해온 투자자들에게는 안성맞춤의 투자법이라 자부할 수 있다. 이렇게 신가치투자는 '사 놓고 마냥 기다리는' 투자를 넘어 '곧 급등할 우량한 주식을 급등 직전에 올라타는 전략'을 목표로 한다.

가치투자는 투자자들이 지향해야 할 좋은 투자법이다. 그러나 투자자를 어려움에 빠뜨리는 치명적인 단점이 있다. 바로 언제 시세가 날지 알 수 없다는 사실이다. 사 놓고 오를 때까지 기다리는 것도 투자자 입장에서는 기회비용을 잃는 손실투자가 될 수 있다. 또한 언제 오를지 모르는 주식을 기약 없이 들고 있는 것만큼 심리적으로 어려운 일도 없다. 결국 좋은 주식을 잘 선별하여 잘 매수했음에도 불구하고, 오랜 기다림에 지쳐 주가가 상승이 시작되면 본전이라도 지키자는 생각에 매도하고 만다.

반면 신가치투자 원칙을 활용해 급등 직전 주식을 매수했다면 기다림의 시간은 그만큼 줄어든다. 주가가 급등하면 시세가 다할 때까지 보유할 수 있는 것이다. 주식은 타이밍의 예술이다. 그래서 매수 타이밍이 중요하다. 언제 샀느냐에 따라 투자자의 심리는 천지차이다.

결국은 언제 사느냐가 관건이다. 대부분의 투자자들이 매수 타이밍을 모르기 때문에 좋은 종목을 사 놓고도 시세를 충분히 누리지 못한다. 10%도 오르지 않았는데, 1년을 보유하느라 지루해서 더 이상 못 들고 있겠다는 이유 때문에 팔고, 혹시 다시 제자리로 돌아가지 않을까 걱정되서 판다. 이렇게 투자해서는 주식으로 영원히 큰돈을 벌 수 없다. 잦은 매매로 푼돈을 벌다가 한 번의 투자실패로 그동안 거두었던 수익을 몽땅 날리고 나아가 마이너스로 시퍼렇게 멍든 계좌 성적표를 받을 뿐이다.

이제는 달라져야 한다. 신가치투자에 길이 있다. 매수 타이밍만 잘 잡아도 주식투자로 부자가 될 수 있다.

신가치투자의 핵심을 정리하면 다음과 같다.

신가치투자 = 글로벌시황 + 업황 + 기술적분석 + 기본적분석 + 엘리어트파동 + 조셉그린빌 + 배당 + 신용 + 꿈 + 재료

📈 신가치투자에 지름길이 있다

자본주의는 돈이 중심이 되는 사회이다. 돈의 법칙을 알아야 부자가 될 수 있다.

대다수의 사람들은 주식투자를 하면 거의 실패하는 것으로 생각한다. 그러나 자본주의 경제사회에서 주식투자를 하지 않는 것은

매우 어리석은 일이라 생각한다. 주식투자는 대표적으로 부자가 되는 방법 중 하나이며, 자본주의의 꽃으로 돈의 흐름과 부의 시스템을 배우는 수단이므로 현대를 살아가는 요즘에는 반드시 주식투자를 해야 한다.

신가치투자를 만들기까지 나는 주식투자로 많은 어려움을 겪었으며 크나큰 실패를 맛보았다. 현재의 완성도 높은 신가치투자가 정립되기까지는 시행착오도 많았다. 주식에 입문하여 상한가 따라잡기, 정보매매, 단기매매 등을 하며 수익과 손실을 반복하였다. 수익이 날 때도 있었지만 결국은 가진 돈을 모두 잃는 결과로 이어졌다. 이후 철저한 반성과 성찰을 통해 왜 주식에서 실패했는지 깨닫게 되었으며, 안전하게 수익을 내는 방법을 찾기 위해 고민에 고민을 거듭하였다.

벤저민 그레이엄, 워렌 버핏, 피터 린치 등 가치투자의 대가로 불리는 그들의 책을 읽으며 가치투자의 중요성을 뼈저리게 깨달았으며, 조셉 그린빌과 엘리어트의 기술적분석도 투자에 적용해야 한다는 사실을 알게 되었다.

대가들의 비법과 주식이 움직이는 원리를 이해하고, 개인투자자에게 맞는 매수 타이밍 원칙을 세우면서 드디어 실패하지 않는 투자의 길로 들어서게 되었다.

신가치투자가 가치투자와 다른 점은 '빠른 시세를 볼 수 있다'는 것이다. 기존의 가치투자에서 가장 중요하게 다루는 부분은 기업이 저평가 되어 있느냐의 여부다. 그러나 신가치투자는 먼저 매집이 되어 있는지를 확인한 후 주가가 저평가 구간에 있는지 확인하므로 안정성은 기본이고, 빠른 시세를 볼 수 있는 것이다.

매집이 되어 있는 종목은 멀지 않은 시간에 시세를 폭발할 수밖에 없다. 시세를 분출시키기 위해 매집을 했기 때문이다. 종목을 리드하는 주도세력의 의도를 파악하고 나면, 소위 상대의 패가 보인다. 세력이 나에게 패가 읽힌 것이다. 그러니 싸우지 않고 이기는 손자병법의 부전승과도 같은 것이라 할 수 있다.

- 일반 가치투자 : 가치평가 〉 차트분석
- 신 가치투자 : 차트분석 〉 가치평가

보통 가치투자는 가치평가를 먼저 해서 저 PER주와 저 PBR주를 고르고 다시 차트분석을 한다. 하지만 신가치투자는 이와 정반대다. 먼저 차트를 분석하여 급등 에너지인 매집을 확인하고 나서 끼 있는 종목을 발굴한 다음에 가치평가를 하여 저평가주를 고른다.

이렇게 순서를 바꾸면 어떤 장점이 생길까? '시간'과 관련이 있다. 가치투자는 종목을 고른 후 장기적으로 보유한다. 이에 반해 신가치투자는 세력의 매집 여부를 먼저 확인하기 때문에 빠른 시세를 볼 수 있다. 즉, 지루한 시간과의 싸움을 하지 않아도 되기에 개인투자자에게 적합한 것이다.

> 신 가치투자 = 차트분석(매집 확인) 〉 가치평가 : 손절매 없는 매수 타이밍 포착

가치투자와 신가치투자 모두 실적 대비 저평가된 가치 있는 종목을 매수하여 보유하면 시세차익과 더불어 배당을 받을 수 있다. 마냥 기다리는 가치투자와 달리 신가치투자는 세력이 개입된 조셉 그린빌의 10년 대바닥 종목 또는 엘리어트 파동 조정2파의 종목을 적절한 시기, 즉 매수 급소에서 매수하기 때문에 시세가 빨리 나는 것이다.

신가치투자의 또 다른 장점은 손절매가 없고 원금을 보장해 준다는 데 있다. 좋은 종목을 가격조정이 충분히 된 매수급소에서 사기 때문에 리스크가 그만큼 적고, 수익이 날 때까지 보유하면 된다. 더불어 배당까지 받을 수 있어 배당과 시세차익이라는 1석2조의 탁월한 효과를 볼 수 있다. 이 같은 방법은 주식 초보자도 안정적으로 편안하게 급등 직전의 매집된 저평가주로 수익을 낼 수 있는 최고의 방법이다. 신가치투자를 다시 정리하면 다음과 같다.

신가치투자는

① 차트분석

② 급등에너지가 개입(매집)된 종목 선별

③ 기본적 분석을 통한 저평가 여부 파악. 저평가 상태의 주식 매수

④ 적정가치에 도달할 때까지 보유하는 전략

⑤ 배당과 시세차익을 얻는 1석2조의 투자법

투자 순서는 다음과 같다.

① 1차 – 세력이 매집된 종목을 선정

② 2차 – 기업분석을 통해 저평가 상태인지, 미래가치가 확실한지 확인 후
　　　매수

　　　배당+시세차익을 거두는 손절 없는 투자를 지향

③ 3차 – 매수한 후 급등이 나올 때까지 편안하게 보유만 하면 된다!

　신가치투자로 투자하면 투자자들이 돈을 벌 수밖에 없다. 원칙을 어기지 않고 철저히 지켜간다면 시간이 지나면 지날수록 투자자를 더 큰 부자로 만들어준다.

　신가치투자로 돈을 벌 수밖에 없는 이유는 ①전세계 어느 주식이든 적용이 가능하기 때문이다. 간단하지만 명쾌한 기술적분석과 기본적분석을 바탕으로 미래가치를 측정할 수 있으며, 배당이라는 안전마진을 확보하며 투자할 수 있다.

　②한 종목에 투자금을 몰아넣는 위험을 피하는 대신 분산투자 원칙을 철칙으로 여기며, 종목이 포착되었더라도 한 번에 사지 않고 분할하여 매수함으로써 리스크를 한 번 더 줄이는 과정을 거친다. 비중을 적절히 조절하여 어느 순간에도 안전하게 투자할 수 있는 안전제일의 투자법이다.

　③국내요인에 매몰되어 우물안 개구리식의 투자를 지양한다. 눈

을 세계로 돌려 세계경제를 투자에 적극 적용하며, 돈의 흐름을 끊임없이 연구하고 쫓는다. 이 과정 속에서 성장성이 있는 기업에 투자한다. 그 기업이 어느 나라 기업인지는 중요하지 않다. 성장 가능성이 높다면 국경을 초월하여 투자한다.

④이미 검증이 끝난 워렌 버핏의 투자법에 현실에 맞는 옷을 덧입혀 '신'가치투자를 투자에 대입하여 가치투자를 능가하는 전략적인 수익창출을 목표로 한다. 현재의 워렌 버핏이 있게 한 원동력은 무엇인가? 성장이 일어나는 신흥국의 해자주식을 매입한 후 장기 보유했기 때문이다. 신가치투자도 이와 원칙은 동일하다.

신가치투자 3단계 분석의 목적

① 기본적 분석의 목적 : 저평가 종목 발굴

② 기술적 분석의 목적 : 매매 타이밍 포착

③ 매집 분석의 목적 : 발굴한 종목 중 세력의 매집이 가장 잘된 종목 선정

📈 왜 배당이 중요한가

투자자들이 간과하는 부분이 있다. 바로 배당의 중요성이다. 주식은 그 어떤 투자처보다 탄력이 좋기 때문에 하루에도 적게는 몇%,

많게는 수십%의 오르내림이 다반사로 일어난다. 시세중독에 빠지면 이처럼 오르내리는 차이를 이용해 주식을 끊임없이 사고팔아 수익을 내려고 한다. 그런데 그렇게 해서 수익을 내는 투자자는 '주식의 신' 빼고는 없다. 즉, 누구도 안정적으로 꾸준히 수익을 낼 수 없다. 그럼에도 불구하고 오르내리는 주가의 탄력만을 쫓다보니 배당은 상대적으로 시시해 보인다. 배당쯤이야 하루 수익도 안 되지 않느냐고 반문한다.

일견 맞는 말이다. 하지만 주식투자를 조금이라도 경험한 투자자라면 1년간 몇%의 수익을 꾸준히 내기가 얼마나 어려운지 알 것이다. 수익과 손실을 반복하기 때문이며, 수수료를 무시할 수 없다. 결국 1년간 한 번도 매매하지 않고 배당을 받은 투자자보다 못한 수익률을 거둘 확률이 매우 높다.

우리나라는 고도성장기를 지나 지금은 이미 선진국에 진입해 있다. 경제가 팽창하던 시기에는 목돈을 은행에 넣어놓기만 해도 연간 10% 이상의 이자가 붙기도 했다. 그런데 지금은 어떤가. 1억을 은행에 저축해도 한 달 이자는 20만 원도 채 되지 않는다. 10년간 10억 벌기 열풍이 유행처럼 번지던 시기에는 10억을 모으면 연간 1억의 이자를 받을 수 있었다. 평생 먹고살 걱정을 하지 않아도 됐던 것이다. 당시에는 10억만 모으면 더 이상 노력하지 않아도 부가 유지되고 불어났지만 지금은 상황이 바뀌었다. 개개인이 '투자'라는 행위를 통해 은행이 해주지 않는 일을 해야 한다. 자금을 은행에서 잠자게 해서는 결코 부자가 될 수 없는 시대인 것이다. 대신 스

[표] 배당수익률 추이(매년 배당률이 증가하고 있다)

년	코스피	코스피 200	코스피 100	코스피 50	코스피 대형주
2018	193	201	208	214	204
2017	136	136	140	142	143
2016	152	157	160	164	161
2015	133	135	140	146	144
2014	113	117	117	122	118
2013	114	112	111	112	113
2012	133	130	130	132	130
2011	154	153	154	161	154
2010	112	108	107	109	109

출처 : 한국거래소

스로 눈덩이처럼 불어나고 커지고, 확장되게 해야 한다.

그래서 배당이 중요하다. 성장이 지속적으로 이루어지는 기업에 투자하여 배당과 더불어 시세차익을 거두어야 한다. 배당은 투자자에게 최소한의 안전마진을 제공하며 보너스와도 같은 수입이다. 그래서 신가치투자는 손절매 없는 투자법으로 저평가된 주식을 매수하여 보유만 해도 배당이 나오고, 빠른 시세차익도 기대하게 한다.

배당은 현금배당과 주식배당 두 가지 종류가 있다. 성장이 가파른 기업의 경우에는 1년에 몇 번씩 배당이 이루어지기도 한다. 배당을 실시하는 기업은 실적이 수반되어 대주주가 주주를 우대하는 정책을 실시하는 것으로 주식투자의 가장 기본적인 원리이다. 주식의 태동원리가 바로 기업에 투자하여 기업과 함께 성장하면서 기업이 벌어들인 수입 중 일부를 배당으로 받는 데서 유래하였다.

따라서 주식을 매수할 때는 배당을 염두에 두어야 하며, 잦은 매매보다는 보유하면서 은행이 주는 '이자'와 같은 배당금을 받으며 안정적인 투자를 해야 한다.

CHAPTER 3

신가치투자의 핵심 10단계

신가치투자가 표방하는 핵심적인 10단계를 자세히 살펴보기에 앞서 이를 요약하면 다음과 같다.

신가치투자의 10요소

① 글로벌 흐름 : 자본주의 돈의 흐름

② 업황 : 과거, 현재, 미래의 주도산업

③ 기본적 분석 : EPS-PER, BPS-PBR, ROE-은행이자

④ 기술적 분석 : 이평선, 일봉, 주봉, 월봉-매집

⑤ 엘리어트 파동 이론 : 조정 2파

⑥ 조셉 그린빌 : 10년 대바닥

⑦ 배당 : 배당 수익-현금흐름

⑧ 신용 : 수급

⑨ 재료 : 명분

⑩ 꿈 : 미래 성장가치

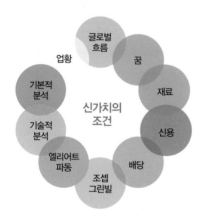

📈 글로벌 흐름

세계 자본은 우리가 섣불리 상상하기 어려울 만큼의 거대한 파도
와 같다. 그만큼 엄청난 규모의 자본이 움직인다. 만약 당신에게 1
천만 원이 있다고 상상해 보라. 어떤 사업을 하겠는가? 아마도 소
규모 사업만 할 수 있을 것이다. 하지만 1억이 있다면 1억에 맞춰
서 그만큼 큰 사업을 벌일 것이고, 10억이 있다면 10억에 맞출 것
이다. 그 금액이 100억, 1000억… 이렇게 커진다고 상상해 보자. 어
떤 사업에 투자하겠는가. 많은 자금을 투여한 만큼 더 많은 이익이
나야 하고, 이렇게 큰 금액을 지탱할 만한 규모의 사업이어야 한다.

자본의 이동, 즉 돈의 흐름도 이와 유사하다. 워낙 큰 금액이 움직이는 과정이기 때문에 인구가 적은 소규모 국가 혹은 성장이 더딘 국가에는 자금의 이동이 쉽게 이뤄지지 않는다. 대신 중국이나 인도, 인도네시아, 베트남 등 성장잠재력을 갖추고 있으며 인구가 1억 명 이상인 국가들은 자본을 흡수할 규모의 경제가 갖춰져 있고, 소비도 일어나기 때문에 자본의 이동이 일어나는 것이다. 더구나 이런 나라들은 향후 경제발전 여지가 크기 때문에 이윤이 남는 투자가 가능해진다.

　2000년을 전후해 브릭스(BRICs; 브라질, 러시아, 인도, 중국) 국가들이 각광을 받았던 이유도 그들 나라들이 공통적으로 거대한 영토와 인구, 풍부한 지하자원 등 경제대국으로 성장할 수 있는 요인을 갖추고 있었기 때문이다. 당시 4개국을 합치면 세계 인구의 40%가 훨씬 넘는 27억 명(중국 13억, 인도 11억, 브라질 1억 7000만, 러시아 1억 5000만)이나 된다. 따라서 막대한 내수시장이 형성될 수 있고, 노동력 역시 막강하다.

　우리가 이윤이 많이 남는 곳에 투자하는 것처럼 세계의 자본도 그 규모만 다를 뿐, 얼마나 많은 이윤을 남길 것인가가 결국 핵심이다. 그리고 어느 정도 경제성장이 이루어지면 자본은 조금씩 그 나라에서 빠져나온다. 이렇게 빠져나온 자본은 또 다른 투자처를 향해 돈의 항해를 계속한다.

　사람을 예로 들면, 사람은 태어나면서 매년 폭풍과도 같은 성장을 지속한다. 중고등학교 시절에는 1년에 10cm가 크기도 한다. 가끔 만나는 사이라면 어느새 키가 훌쩍 커 있는 모습을 볼 수 있다. 그러다가 20세에 다다르면 그 속도가 현저히 떨어지고, 20세가 넘어가면서부터는 거의 성장하지 않는다. 아니 오히려 키가 줄기도 한다.

경제도 마찬가지다. 이제 막 성장을 시작하는 국가의 성장률은 무서울 정도다. 한 국가의 경제가 매년 10%씩 성장한다고 가정해 보라. 거의 전부분에서 불꽃같은 성장이 동시다발적으로 발생한다고 생각하면 된다. 인프라가 확장되고, 금융이 발전하며, 곳곳에 공장이 세워지고, 덩달아 주식가격은 폭등하며, 집값이 오르고, 은행에 돈을 맡기기만 해도 매년 10%의 이자를 지급해 준다. 1억이 있다면 은행에 넣어두고 무위도식을 한다 해도 6,7년 후면 2배가 된다는 말이다. 이처럼 성장하는 국가의 경제는 매일 쭉쭉 크는 청소년과도 같다.

하지만 20세가 넘어가면 경제는 성년기를 맞이하고, 더 이상의 성장을 멈추고 만다. 개별적으로 오르는 주식은 있겠지만 종합지수의 상승은 쉽지 않고, 높아진 인건비에 부담을 느낀 제조업이 인건비가 싼 국가들로 짐을 싸서 옮기면서 공장 굴뚝에서 더 이상 연기가 나지 않는다. 은행에 돈을 맡겨도 사실상 개인금고에 현금을 넣어두는 것보다 크게 나을 것이 없게 된다. 이처럼 성년기에 접어든 국가의 경제는 과실이 적거나 없다시피한다.

자 그러면 우리가 이제 어떤 나라들에 투자를 해야 할지는 자명하다. 우리나라라고 해서 예외는 아니다. 우리나라 경제도 이미 장년기에 접어들었기 때문에 이제부터는 종합주가지수에 기대어 아무 주식에나 투자해서는 실패라는 성적표를 받아들 뿐이다. 포트폴리오를 다변화하여 일부의 금액은 이처럼 성장하는 국가들, 돈이 모이는 국가에 투자해야 한다.

앞서 가끔 만나는 사이라면 키가 훌쩍 커 있는 모습을 볼 수 있다고 했다. 언제 투자해야 하는가. 성장이 한창 진행중인 국가에는 지금 바로 투자해야 한다. 조금만 지체해도 어느새 성장이 이뤄지기 때문에 그만큼 기회를 잃고 만다. 하지만 투자를 해놓으면 어느새 투자금이 훌쩍 성장해 있는 모습을 경험할 수 있다. 그리고 이미 다 자란 국가에서는 자금을 빼내어 또 다른 성장국가로 투자처를 옮겨야 한다. 이렇게 수레바퀴처럼 평생 국가를 옮겨다니며 투자한다면 노후에 돈 걱정 없이 행복한 삶을 살 수 있다고 자신한다. 마치 유목민들이 푸르고 싱싱한 목초를 찾아 떠나는 것처럼 말이다.

따라서 투자할 나라를 선별할 때에는 자본의 이동을 따라가야 하고, 세계의 거대 자본이 어떤 나라들도 흘러들어가는지 속성을 이해할 필요가 있다. 돈의 흐름을 뒤따라가야만 자본이 일을 하면서 키워놓은 과실들을 수확할 수 있기 때문이다.

우리 스스로의 모습을 돌이켜본다면 왜 해외에, 그것도 신흥국에 투자해야 하는지가 보다 명확해진다. 다음은 우리나라 역대 정권별 평균 경제성장률이다.

역대 정권별 경제성장률을 보면 지속적으로 하락중이다. 보수와 진보를 가리지 않는다. 경제는 정치와 상관없이 제갈길을 간다고

[표] 정권별 경제성장률

정권명	기간	평균경제성장률
박정희	1963~1979년	11%
전두환	1980~1988년	10%
노태우	1988~1993년	9%
김영삼	1993~1998년	7%
김대중	1998~2003년	5%
노무현	2003~2008년	4%
이명박	2008~2013년	3%
박근혜	2013~2017년	2%
문재인	2017~	2%

보면 된다. 보수나 진보 정권이 들어서면 경제가 발전하거나 불황이 온다는 가설은 그야말로 가설일 뿐, 경제는 그 자신의 논리대로 움직인다. 폭발적으로 성장하는 청소년기를 지나고 나면 성인이 되어 더 이상 성장하지 않는 것이다. 만약 당신이 한국이라는 나라에 투자한다면 어느 시점에 자본을 투여하겠는가? 그리고 어느 시점에 투자를 마무리하겠는가? 그리고 투자금을 현금화 한 후 어떤 나라로 옮겨가겠는가? 답은 말하지 않아도 자명하다.

반면 가까운 일본은 어떤가? 1990년 이전까지 고도성장을 해왔던 일본은 경제가 장년기에 접어들면서 이후 잃어버린 30년(1990~2019년)을 경험해야 했다. 비록 현재도 세계적인 경제대국임에는 틀림이 없지만, 투자 관점에서는 세계의 거대자본도 개인투자자도 개입할 틈이 없다.

우리나라와 가까운 일본의 예를 보더라도 투자자가 가야 할 방향은 안개가 걷힌 듯 밝게 볼 수 있다. 성장이 한창인 나라에 투자하고, 성장이 마무리되면 또 다시 성장이 시작되는 나라로 옮겨가야 한다.

📈 업황

투자자에게 좋은 주식이란 단순히 재정이 탄탄하고 우량한 주식이 아니라, 투자자 자신에게 수익을 많이 주는 주식이다.

전과 후의 주식에는 미묘한 차이가 있다. 아무리 좋은 기업이라도 투자자에게는 고통과 기다림의 연속만을 강요하는 주식이 있다. 대표적으로 통신주를 들 수 있다. 통신주는 막대한 수익을 내고 있으며, 그 진입장벽이 높아서 독과점에 해당한다. 따라서 통신 기업은 매년 막대한 수익을 낸다. 그럼에도 불구하고 투자자에게는 매력이 떨어진다. '좋은 주식'임에는 틀림없지만, '점점 좋아지는 주식'은 아니기 때문이다.

투자자에게 좋은 주식은 오늘의 수익을 주는 주식, 즉 현재 시장을 지배하는 주도주다. 주도주는 업황을 보면 보인다. 어떤 종목군, 즉 어떤 업황이 시장의 패션을 이끌어가는지 파악해야 한다. 좋아지는 업황만이 주가차트가 우상향의 그래프를 그려갈 수 있다.

'한 번 시장을 주도했던 기업은 다음 차례에는 소외당한다.'

매우 중요한 문구로 강연이나 방송에서 자주 강조하는 말이다. 한 번 대시세를 낸 업황은 오랫동안 시세가 나오지 않고, 잠복기를 거친다. 대시세가 나왔다는 말은 해당 업황이 이미 많이 올라 주가에 가격이 모두 반영되었다는 의미다. 거품이 빠질 때까지는 오랜 기간이 필요하다. 따라서 이미 시세가 나온 업황에 투자한다는 것은 높은 가격에 물건을 사는 행위와 같다. 또한 시장을 주도했던 기업은 다음 차례에는 철저히 소외되기 때문에 투자로 높은 수익률을 기록하기란 여간 어려운 일이 아니다.

시장은 늘 새롭고 신선한 것을 원한다. 주식투자로 높은 수익을 거두기 위해서는 이미 시세가 나온 주식을 비싸게 사는 대신, 아직 시세가 나오지 않은 주식을 싸게 사야 한다. 따라서 현재의 시장을 주도하는 업황 또는 미래의 시장을 이끌어갈 업황을 찾아 투자에 임해야 한다.

한때 한국 증시는 트로이카주(은행, 건설, 증권)가 1980년대를 이끌었고, 1990년대는 IT, 2000년대는 코스닥 열풍이 몰아쳤다. 이후 바이오를 거쳐 2000년대 중반은 조선과 중공업이 시장을 지배하였다. 곧이어 차화정(자동차, 화학, 정유), 바이오, 반도체, 경협주 등이 시장의 관심을 받았다. 모두 시장을 지배한 주도적인 업황들이었다.

이제 시장은 파괴적인 일상의 변화를 몰고 올 4차 산업혁명에 눈을 돌리고 있으며, 미래성장가치를 지닌 보석을 찾기에 동서분주한다. 대표적으로 바이오를 들 수 있다.

늙어가는 현상은 일부 신흥국을 제외한 대다수 선진국에서 나타난다. 2차 대전 이후 태어난 베이비부머의 은퇴가 이미 시작되었고, 그 수가 매우 많다. 반면 태어나는 신생아의 수는 걱정이 될 만큼 급감하고 있다.

이 현상을 통해 우리는 향후 고령화를 대비한 전지구적인 협조와 노력이 있을 것임을 예상할 수 있다. 정부뿐만 아니라 기업들도 대책을 세우기 위해, 혹은 그 현상 속에서 이익을 찾기 위해 고군분투할 것이다.

나이가 들면 병이 들고, 병이 들지 않아도 오래 살고 싶은 인간의 욕망은 점점 비대해질 것이다.

특히 4차 산업혁명은 그동안 일어났던 산업혁명과는 그 결이 다르다. 일상을 송두리째 뒤바꿔버리는 인류 개개인의 혁명이 될 것이다. 사람이 할 수 있는 모든 일은 기계로 대체된다. 이제 사람은 무슨 일을 해야 하는가를 고민하는 대신, 어떻게 오늘 하루를 즐겁고 행복하게 살 것인가의 문제에만 집중할 것이다. 그리고 이처럼 즐거운 인생을 얼마나 오래 지속할 것인가가 인류 최대의 관심사이자 난제로 남을 것이다.

오랫동안 행복하게 살기 위해서는 가장 먼저 건강해야 한다. 더이상 늙지 않거나, 늙는 속도를 최대한 늦춰야 한다. 거기에는 '바이오'가 있다. 인류의 관심사를 한몸에 받을 업종이 바로 바이오라

[차트] 코스피 월봉 년도별 주도주

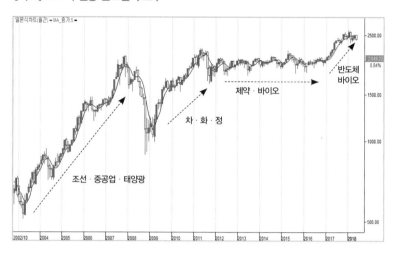

생각하는 이유다.

　이처럼 주식투자자는 전체 종합지수나 종목 하나에 집중하는 대신 시장을 지배하고 리드하는 업황에 주목해야 한다. 미중무역전쟁의 여파로 중국의 종합지수는 하락국면을 벗어나지 못하고 있지만, 그 안을 자세히 들여다보면 시장을 이끄는 주도주, 즉 업황이 좋은 종목군들은 계속해서 상승하고 있다. 중국이 끝났다고 생각하기 쉬우나 그 소용돌이 속에서도 주도적인 업황은 꿋꿋이 제갈길을 가고 있는 것이다. 이는 중국뿐만 아니라 향후 투자자들이 지대한 관심을 가져야 할 베트남, 인도 등도 예외가 아니다. 물론 한국증시에 투자하는 경우에도 무엇보다 업황에 따라 종목을 선별해야 한다.

　신가치투자는 나무(개별종목)도 숲(종합주가지수)도 중요하지만 바로 업황(숲 가운데 매일 쑥쑥 크는 나무들이 밀집해 있는 지역)에 주목한다.

📈 기본적 분석

주가는 기업 본연의 가치에 수렴한다. 하지만 주가가 기업의 가치와 항상 등가를 형성하지는 않는다. 주가가 기업의 가치를 한 치의 오차 없이 반영한다면 아마도 주식투자자의 반 이상은 재미없는 시장이라며 주식시장을 떠날 것이다. 주가가 가치보다 높을 때도 있고, 낮을 때도 있다. 이를 이용해 시세차익을 거둔다. 또한 미래가치를 반영하여 현재 기업의 가치보다 주가가 높게 형성되기도 한다.

단순히 말해 기업의 가치가 높아지면 주가 그래프는 우상향, 변함이 없으면 평행선, 가치가 악화되면 우하향 그래프를 그릴 것이다. 그리고 이 세 경우 모두 주가는 기업의 가치보다 높기도 하고 낮기도 하다. 어떤 종목이든 주가 그래프가 위아래로 오르락내리락하며 곡선을 그리는 이유가 바로 여기에 있다. 그리고 안전한 투자가 되려면 주가 그래프가 내려왔을 때 매수해야 하고, 200일선이 우하향하는 기업이 아닌 우상향 하는 기업에 투자해야 한다.

그럼에도 불구하고 차트에 지나치게 집착하고 몰입하는 습관은 버려야 한다. 그 흔들림을 보고 있노라면 자칫 자기 꾀에 빠져 단기매매자로 전락하기 쉽고, 기업 본연의 가치에 소홀해지기 때문이다.

차트를 보더라도 기업의 본질 가치를 파악해야 한다는 의미다.

차트와 기업의 내재가치를 분석하여 저평가 국면의 종목을 발굴하는 방법은 무엇일까? 사실 저평가 국면에 있는 종목들은 상승할 가치가 있기 때문에 세력이 개입되어 있을 확률이 매우 높다.

주가는 기업의 실적과 자산가치의 그림자이다. 따라서 주가는 반드시 기업 가치를 찾아가게 되어 있다. 기업의 가치를 안 후에는 다음과 같이 행동해야 한다.

첫째, 주가가 기업가치 아래로 하락하여 저평가 국면일 때 매수하고, 둘째, 주가가 기업가치 위로 상승하여 고평가될 때 매도한다.

이제 저평가 종목을 고르는 방법을 알아야 할 것이다. 기업의 가치를 평가하는 방법은 여러 가지가 있지만, 나는 매우 단순하고 명쾌한 방법을 선호한다. 이를 내것으로 만들면 현재 주가가 기업가치보다 높은지 낮은지 어렵지 않게 파악이 가능하다. 되도록이면 주식을 분석할 때 한눈에 파악이 가능하도록 외우면 좋다.

- EPS(주당 순이익) = 총이익/총주식수(지속 증가)
- PER(주가 수익비율) = 주가/주당순이익(10배수 이하)
- BPS(주당 자산가치) = 순자산/총주식수(지속 증가)
- PBR(주당 순자산) = 주가/주당자산가치(1배 미만)
- ROE(자기자본 이익률) : 10% 이상
- 부채비율 : 100% 이하
- 유보율 : 높을수록 좋다

📈 기술적 분석

기술적 분석은 매매타이밍을 잡기 위한 분석으로써 엘리어트 파동과 조셉 그린빌의 법칙을 적용하여 매집이 이루어진 종목을 선정하기 위함이다.

앞서 소개한 대로 신가치투자는 기술적 분석을 먼저 하여 '끼가 있는지' 여부를 확인한다. 에너지가 응집되어 있지 않으면 아무리 좋은 종목도 투자를 하지 않거나, 에너지가 모일 때까지 투자를 보류한다. 에너지가 아직 모이지 않은 종목은 관심종목에 편입하여 지속적으로 관찰하면서 투자시기를 저울질한다. 따라서 일회성 호재로 주가가 일시적으로 상승할 때는 지켜볼 뿐 추격하여 매수하지 않는다.

주가에 에너지가 응집되어 있는지 알기 위해서는 '매집'의 의미를 알아야 한다. 매집이란 대주주나 주도세력이 기업의 내재가치나 호재성 재료를 미리 알고 주가가 오르기 전 바닥 국면에서 선취매하는 것이다.

매집은 세력(거래량)+가치(저평가)+차트(정배열)+정보(대주주, 내부자) 등을 규합해 분석한다. 세력이 일정 기간 매집을 한 후에 시세 분출 과정을 거쳐 머리를 확인하고 8부 능선에서 매도함으로써 한 사이클이 끝나게 된다.

통상적으로 매집은 내부 정보를 미리 알고 있는 대주주나 관련 세력에 의해 이루어진다. 이들은 저평가 종목 중에서 시장 트렌드에 맞는 종목군들을 매집하기 시작한다. 이때 세력은 한정된 자금으로 많은 물량을 저가에 매집해야 하므로, 매집이 완료되기 전에 주가가 상승하는 것을 반기지 않는다. 따라서 주가가 상승하면 의도적으로 하락시켜 매수 매도를 반복한다. 일회성 호재로 상승한 주가가 다시 제자리로 돌아오는 이유도 세력이 주가가 상승하는 것을 원하지 않기 때문이다.

세력은 추세를 따르면서 일반투자자의 입맛에 맞게 맞춰주기도 하고 속이기도 하면서 차트를 만들어 나간다. 주가가 상승해 일반투자자가 추격매수를 하면 일부를 팔아서 주가를 하락시키고, 또 어느 정도 하락하면 다시 매수하여 하락을 멈추고 반등하게 한다.

이렇게 우상향 그래프를 그려가면서 박스권 장세가 연출된다. 세력의 은밀한 움직임을 포착하지 못한 개인투자자들은 주가가 상승하기 시작하면 고점에서 매수하지만, 이때 세력은 매도하고, 반대로 주가가 하락하면 개인투자자들은 저점에서 매도하지만 세력은 매수한다.

이처럼 세력은 고점매도와 저점매수를 하면서 개인투자자들로부터 소기의 목적을 달성하며 수익을 챙기고 동시에 대량의 물량을 모아간다. 궁극적으로 세력은 매집한 주식을 가장 비싸게 파는 것이 목적이다. 그러므로 매집이 완료된 후 주가가 모멘텀을 타고 상승하면 세력은 기다렸다는 듯이 정보를 매스컴과 인맥을 통해 유출시킨다. 이때 개인투자자들은 확신을 갖고 적극적으로 매수에 가담하지만 이미 주가는 한참 급등한 상태며, 세력은 이 기간을 활용해 고가에 물량을 처분하며 유유히 빠져나온다.

마음이 급한 개인투자자들은 이와 같은 세력의 전략과 속성을 알면서도 급등구간에서 주식을 매수하는 우를 범한다.

아무도 찾지 않는 한가한 시기에 세력이 조용히 매집하고 있음을 파악해야 하고, 매집이 완료되어 가면 투자자도 그들과 함께 매집에 동참해야 한다. 그리고 온갖 호재성 기사와 소문이 무성할 때 세력과 함께(혹은 세력보다 먼저) 더 이상 욕심내지 말고 빠져나와야 한다.

이처럼 세력과 함께 동행하며 높은 수익률을 달성했더라도, 주식을 매도한 후 더 오른다고 하여 다시 재매수하여 낭패를 보는 경우도 허다하다. 상승의 끝은 알기가 어렵다. 끝을 보려고 하다가는 매도 시기를 놓쳐 원점으로 돌아가기 쉽다. 그러니 적당히 수익이 난 후에는 얼마나 더 오르는지 잊는 것이 좋다. 나의 구간이 아니라 불나방을 쫓는 일부 단기매매자들의 구간이라고 생각하면 마음이 편하다.

📈 엘리어트 파동

엘리어트 파동은 현재의 주가 위치를 알려주는 나침반과 같다.

엘리어트는 "주가는 상승 5파와 하락 3파에 의해 끝없이 순환한다"고 설파했다. 그는 자신이 세운 이론을 통해 실제로 1937년과

[그림] 엘리어트 파동 모형도

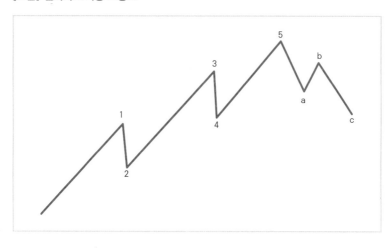

1938년 사이의 월스트리트 폭락을 정확히 예측하였다. 또한 그의 이론을 보다 면밀히 연구하고 발전시킨 해밀튼 볼튼은 1966년 다우지수가 525선까지 하락할 것이라고 예측해 그대로 맞추었다.

주가는 힘과 힘이 서로 맞부딪히면서 균형을 찾아가는데 그 결과가 파동으로 나타나기 때문이다. 따라서 파동을 이해하면 주가의 고점과 저점을 어느 정도 예측이 가능해진다. 이처럼 엘리어트 파동이론은 역사적으로 검증이 되었으며, 투자자들이 실전매매에서 신뢰를 갖고 이용할 만하다.

엘리어트 파동 요약

① 삼라만상의 자연의 법칙

② 위치를 파악하는 지도와 같다

③ 피보나치 수열

④ 황금분할(0.382/0.5/0.618)

⑤ 절대 불가침의 법칙

절대불가침의 법칙이란?

- 1번 파동 밑으로 내려가서는 안 된다.

- 3번 파동이 제일 짧을 수 없다.

- 4번 파동은 1번 파동과 겹칠 수 없다.

  예외) 중소형주들은 오버랩핑이 일어나기도 한다.

- 파동의 법칙(모양, 균형, 조화)

제1파의 특징_상승

- Gap 출현

- 아일랜드 Gap 발생

- W자 출현

- 트라이앵글 완성

- 십자형 출현

아일랜드 Gap이란?

아일랜드갭이란 상승갭과 하락갭이 동시에 충돌하는 것으로 갭 형태 중 가

장 강력한 추세반전을 예고하는 기술적 신호이다.

제2파의 특징_조정

- 상승하는 주식이 첫 번째로 맞이하는 조정구간이다.
- 지그재그
- 트라이앵글
- 플랫폼

제3파의 특징_상승

- 조정을 기다리지 말 것
- 각 파 중에서 가장 강력한 파동
- 1파 small 공약

제4파의 특징_조정

- 2파 조정과 동일
- 호환의 법칙 적용
- Over Lapping(부실주, 주도주)

제5파의 특징_상승

공략포인트

- 런닝, 불규칙 C의 실패
- 트라이앵글 완성
- 아일랜드 Gap

A파의 특징_하락

- 확장형

- 협띠

- 삼각형

- 대음선, 긴 T자

B파의 특징_반등

반등파 : 낙폭의 38.2%, 50%, 61.8%

특징

- 대량거래 수반

- 전문가 및 펀드자금 대대적 유입

- 모든 전문가들 긍정적 평가

C파의 특징_하락

- 투매

- 바닥 예측 금물

- 하락 5파를 기다릴 것

- 바닥 징후들 – Gap, 모닝스타, 트라이앵글 완성, 이중바닥 혹
  은 삼중바닥

📈 조셉 그린빌의 법칙

조셉 그린빌의 법칙을 활용하면 현재 주식시장의 위치와 각 종목별 대응법을 파악할 수 있다. 여기서 주목해야 할 이동평균선이 있는데, 바로 200일선이다. 200일선은 신가치투자에서 매우 중요한 위치를 차지한다. 주식을 매수할 때 200일선을 기준으로 하기 때문이다.

나는 200일선에 특별히 '활주로'라는 별칭을 붙였다. 마치 비행기가 활주로에서 뜨고 착륙하듯이 주가도 200일선을 기준으로 상승을 시작하고, 상승했던 주가가 200일선까지 하락하면 하락을 멈추기 때문이다. 물론 모든 주식이 200일선에서 하락을 멈추지는 않는다. 기업에 문제가 있는 경우에는 주가가 200일선을 이탈하여 지속적으로 하락하는 경우도 비일비재하다. 하지만 기업의 가치에 문제가 없는 경우 200일선에서 하락이 멈추고, 다시 비행할 준비를 하는 경우가 많다. 이처럼 200일선을 붕괴하지 않고 200일선을 타고 가는 종목을 투자대상으로 삼으면, 매매가 매우 쉽고 안전하다.

조셉 그린빌의 법칙 정리

- 자연의 법칙 : 사계와 같다
- 50%의 법칙 : 하락의 50% 이상 반등하면 전고점을 넘어 간다
- 시간의 법칙 : 시장시계의 지표는 되돌리지 못한다

[그림] 그린빌의 대전략서

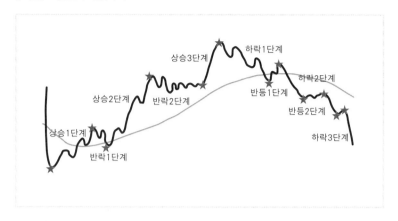

'봄이 왔는데 꽃샘추위를 한다고 해서 도로 겨울로 돌아가지 않는다.'

이는 자연의 절대 법칙이다. 아무리 추워도 봄은 반드시 오며, 간혹 발생하는 꽃샘추위는 숨 고르기에 지나지 않는다. 주가도 마찬가지다. 시장시계의 지표는 어떠한 사건 사고가 일어난다 하더라도 되돌리지 못한다. 자연의 법칙처럼 결국 자신이 가야 할 길을 간다는 의미며, 따라서 중간에 나타나는 짧은 조정에 겁먹을 필요가 없다.

강세장 초기 국면

① 시간의 지표는 어떠한 사건이 발생한다고 하더라도 시장시계의 지표를 되돌리지 못한다.

② 사건 자체로는 배울 것이 없다.

③ 불황은 주가의 하향 말기나 상승 초에 발생한다.

④ 일반인이 인지하기 시작하면 3개월의 반락이 온다(반락 1단계).

조셉 그린빌의 상승과 하락 3단계

상승 1단계

- 10년 대바닥
- 거래량 대량 매집된 주식
- 불황기를 겪은 주식
- 상승기간은 3~6개월이다.

상승 2단계

- 최초 상승부터 15개월 전후가 제2단계이다.
- 상승 1국면에서 상승했던 종목이 200일선 위에서 협띠를 형성
- 정배열 상태를 유지하며 시세 분출이 없었던 종목
- 상승 1국면에서 상승폭이 적었던 정책 수혜주를 선정한다.
  - 협띠란 주가가 큰 폭으로 상승이나 하락하지 않고 200일선을 기준으로 오르락내리락 하는 현상이다. 옆으로 횡보하면서 기간 조정을 거치고 세력은 이 구간을 이용해 주식을 매집한다.

상승 3단계

- 200일선 위에서 수렴하면서 정배열 상태를 유지하고 있는 자산 우량주로 압축매매한다.

- 상승 3국면은 때에 따라서는 없을 수도 있기 때문에 매매에 신중을 기해야 한다.
- 상승주기는 30개월 동안 지속되며, 하락주기는 16~22개월 지속된다. 전체 주기는 48~54개월 지속된다.
- 최초의 바닥으로부터 24개월 되는 지점이 시작점이다.

하락 1단계

- 급격한 가격 조정이 이루어진다(3개월 동안 50% 하락).
- 상승 시세가 끝나고 공매주를 찾는 데 주력해야 한다.
- 공매주 선정 후보는 200일선을 하향 돌파한 주식이다.
- 공매는 하향 시세 1단계 후 반등기에 이루어진다.

하락 2단계

- 반등 기간에 반등 국면이 크게 일어나는 경우가 일반투자자들이 가장 속기 쉬운 구간이다.
- 주식은 급격하게 폭락하며 가격 조정이 이루어진다.
- 신저가 종목이 서서히 보이기 시작한다.
- 경제 악화 뉴스가 서서히 나타나기 시작하며, 정보는 경기불황이 없을 것이라고 발표한다.

하락 3단계

- 부정적인 뉴스들이 점점 홍수를 이루고, 시세는 지속적으로

하락하며, 주식은 신저가를 형성한다.

- 일급 투자자들은 서서히 저점매수를 하며 200일선의 이격이 큰 종목을 주시하게 된다.
- 시세의 긴간표를 관찰하여 48~54개월이 되었는지 여부를 체크한다.
- 모든 저가주들은 이미 폭락을 했으므로 우량주만이 최저가에 도달하지 못한 상태다.

📈 배당

앞서 배당의 중요성을 강조한 바 있다. 배당은 주식투자의 기본이며, 최소한의 안전장치, 즉 현금흐름과 안전마진을 확보할 수 있게 한다. 저금리 시대에 은행에 자금을 예치하는 것보다 배당을 많이 실시하는 주식을 사놓으면 은행이자보다 높은 수익을 거둘 수 있으며, 더불어 주가가 상승하면 시세차익까지 거둘 수 있어 1석2조의 효과를 볼 수 있다.

배당이란 기업이 일정 기간 동안 영업활동을 통해 발생한 이익 중 일부를 주주들에게 나눠 주는 것을 말한다. 주주에게는 투자수익 면에서, 기업이나 경영자에게는 경영정책적인 면에서 매우 중요하다.

당연한 결과지만 기업의 실적이 좋을수록 배당금은 늘어날 확률이 그만큼 높다. 또한 배당은 매년 똑같은 금액을 지급하지 않는다. 기업의 실적이 매년 달라지기 때문이다. 따라서 올해 얼마를 받을 것이라고 확정하기보다는 기업의 실적을 확인하여 배당금을 예측할 수 있어야 한다. 배당투자를 하는 투자자가 기업의 실적을 확인하지 않고, 실적이 악화되는 기업에 투자했다면 소기의 목적을 달성하기 어려울 것이다.

뿐만 아니라 배당을 연속적으로 실시하는지도 체크해야 한다. 작년에 배당을 했다고 하여 올해 배당을 한다는 보장은 없다. 기업의 실적이 저조할 경우 배당이 이루어지지 않을 수 있으므로 기업의 실적을 예의주시해야 한다. 배당투자의 속성상 소액이 아닌 일정 금액 이상을 투자했을 것이므로, 내 자산에 대한 책임은 나에게 있다는 마음으로 종목을 선정해야 할 것이다.

모든 기업이 배당을 실시하는 것은 아니며, 배당을 하는 기업이라 하더라도 주식을 보유한 사람 모두에게 배당금을 지급하는 것은 아니다. 주주명부에 올라야 하는데, 주주명부에 오르기 위해서는 정한 날짜에 반드시 주식을 보유하고 있어야 한다. 배당기준일 다음날 주식을 팔아도 배당을 받을 수 있다. 단, 배당기준일이 지나면 배당락이 발생해 지급되는 배당금만큼 주가가 희석되어 낮게 책정되므로 이를 잘 확인해야 한다.

우리나라는 3일 결제 시스템이기 때문에 오늘 주식을 샀다면 이틀 후에 주주명부에 오른다. 따라서 12월 결산법인은 연말 폐장일까지 주주명부에 올라야 배당을 받을 수 있다. 예를 들어 내일이 배당기준일이라면 이틀 전인 어제 주식을 매수했어야 한다.

📈 신용

신용거래란 실제 내 계좌에 그만한 현금이 없지만, 내가 가진 현금 이상으로 주식을 살 수 있는 제도이다. 신용거래는 증권회사가 자금을 빌려준다. 투자자는 이렇게 자금을 차입하여 주식을 매수할 수 있고 상환일에 주식을 처분하여 차입했던 자금을 상환해야 한다. 신용거래는 보통 90~150일 이내로 증권사마다 조금씩 차이가 있으며, 신용거래 한도도 개인마다 다르다.

신용기간이 만료되면 투자자는 빌렸던 자금을 상환해야 한다. 만약 신용기간이 초과했는데도 불구하고 상환하지 않을 경우에는 그 다음날 증권사가 그 주식을 강제로 팔아서 자금을 회수한다. 그리고 주식이 담보가치보다 하락할 때에도 증권사가 임의로 매도한다. 이를 반대매매라 한다.

개인투자자들 중에 자신이 보유한 현금 이상으로 주식을 더 많이 사고 싶은 욕심에 신용을 쓰는 경우가 있다. 물론 신용제도를 잘 이용하면 내가 가진 자금 이상의 수익을 거둘 수 있다. 하지만 문제는 단기간에 크게 실패한 투자자들 대부분이 미수와 신용거래자라는 데 있다. 잘 쓰면 약이 되고, 못 쓰면 독이 되는데 대부분 독으로 작용한다는 것이다. 그 이유는 아마도 '욕심'이라는 인간의 욕망이 개입되기 때문일 것이다.

주식투자는 철저한 객관화를 통해 냉철하게 접근해야 한다. 투자원칙을 만들어 거기에 부합하는 종목만 매수하는 것이 철칙이다. 신가치투자로 설정해 놓은 범주에 들어왔을 때만 투자를 한다. 그래야 실패가 없고, 짧은 기간에 큰 수익을 누리며, 마음이 편안하다. 또한 한 번 익히면 평생 사용할 수 있으므로 누구에게나 평생직장과도 같은 개념이다.

그런데 신용거래를 하는 순간 이 모든 원칙이 무너지고 만다. 장기적인 안목으로 주식을 대할 수가 없으며, 단기간에 수익이 나지 않으면 마음이 초조해지고 따라서 무리수를 두게 되어 있다. 200일선에서 안정적으로 비행을 준비하는 종목을 여유를 갖고 모아갈 수가 없는 것이다. 마치 불속으로 뛰어드는 불나방처럼 상승이 한참 진행되는 위험한 종목에 눈이 갈 수밖에 없다.

주가가 많이 상승해 있다는 사실은 그 자체로 악재이다. 이렇게 악재가 가득한 종목을 하이에나처럼 찾아다녀서는 궁극적으로 수익을 달성할 수 없다. 짧은 기간 수익을 낼 수도 있지만, 이런 매매 패턴이 반복되면 될수록 계좌의 자금은 빠른 속도로 줄어든다.

신용거래의 상환일을 생각하여 그 기간 안에만 상승하면 몇 배의 수익이 날 거라는 욕심으로 주식을 더 많이 매수하고자 신용을 사용하는 것이 일반 개인투자자들의 심리이다. 그러나 반대로 생각하면 그 종목을 관리하는 세력의 입장에서 신용물량은 악성물량에 해당한다. 주가가 오르면 매도할 것이 뻔하기 때문에 주가 상승에 걸림돌이 될 것으로 판단한다. 그래서 일반적으로 세력은 신용물량에 대해서는 수익을 주지 않는다. 기업이 저평가되고 세력의 매집이 확인이 된 종목일지라도 신용이 많으면 세력은 흔드는 과정을 통해 신용물량을 떨어낸 후에 다시 상승을 시키는 경우가 많다.

주식은 내가 가진 현금으로만 투자하는 것이 좋다. 그 현금도 빌린 자금이 아닌 여유자금이어야 한다. 갚아야 한다는 부담감에서 벗어나야 장기적인 안목으로 객관적이고 시스템적인 투자를 할 수 있다. 주식이 내 생각대로 흘러가지 않을 때 시간과의 싸움에서 이기려면, 그래서 최종적인 승자가 되려면 신용을 멀리하자.

그리고 여기서 우리가 살펴봐야 할 한 가지가 더 있다. 신용물량이 많은 종목은 상승이 어렵다. 비행기에 너무 많은 짐을 실으면 비행기가 이륙할 수 없다. 물량을 덜어내야 기체가 가벼워져 훨씬 쉽게 비행을 시작할 수 있을 것이다. 그래서 신용물량 체크를 간과하지 말 것을 당부한다.

📈 재료

재료란 주가가 상승하기 위한 '근거'나 '명분'과도 같은 것이다. 테마주가 상승하는 이유도 모두 재료를 수반하기 때문이다. 지금 당장 기업 실적에 영향은 없지만, 재료를 통한 기대심으로 주가가 상승한다. 남북관계가 개선되면서 북한 관련 경협주들이 상승했던 것처럼 말이다. 그 기업이 실제로 경협에 참여하는지 여부는 부차적인 문제다. 재료의 힘에 의해 기대감 하나로 주가가 급등하는 것이다.

일반적으로 재료는 주가를 상승시켜서 주식을 처분해야 할 때 세력이 투자자들에게 물량을 떠넘기기 위한 수단으로 사용한다. 세력은 재료를 미리 준비해 놓고 바닥에서 대량의 물량을 매집한 후 주가를 상승시킨다. 그리고 주가가 상승한 상황을 틈타 재료를 노출하고 이 과정에서 세력의 물량이 개인투자자들에게 넘어간다. 개인투자자들은 재료를 믿고 주식을 자신 있게 매수하지만 주도세력이 빠져나간 주식은 그 후로 상승 동력이 현저히 떨어져 하락으로 방향을 선회한다.

재료를 미리 안다면 투자자 입장에서 그보다 좋은 일이 없을 것이다. 떠다니는 소문이나 누구나 아는 뉴스에 의한 재료가 아닌, 재료가 전혀 노출되지 않은 상태에서 말이다. 이는 투자에 있어 최고급 정보에 해당한다.

사실 그 기업에 몸담고 있지 않은 한 고급정보를 얻기란 매우 어렵다. 그래서 재료를 미리 아는 회사 관계자나 어떤 루트를 통해 정보를 접한 제3자에 의해서 물량 매집이 이루어지기 시작한다. 큰손들은 주가가 상승하기 전에 물량 매집을 최대한 많이 해야 하기 때문에 바닥에서는 주로 재료가 나오지 않는다. 재료가 나오면 그만큼 주식을 비싸게 사야 하므로 이를 매우 꺼린다. 재료가 노출되기 시작하는 시점은 주가가 이미 많이 올라 있는 상황이다. 재료를 노출시키면 투자자들이 몰려들고 주가를 더 위로 띄우거나 팔고 나오기 쉬운 조건이 만들어진다.

이런 이유 때문에 바닥 국면에서는 급등이 잘 나오지 않는다. 오히려 지루하게 횡보조정을 하면서 투자자들을 지치게 만들고, 가격이 싼 구간을 활용해 물량을 대량으로 모으는 작업에 몰두한다. 따라서 투자자들은 이 사실을 역이용하여 주가 위치가 바닥이면서 거래가 적으며 캔들길이가 짧아졌을 때 세력과 함께 주식을 싼 가격에 매수해야 한다.

일반투자자들이 쉽게 범하는 오류 중 하나는 재료 혹은 정보가 나만 아는 고급정보인 것으로 환상을 갖는다는 데 있다. 환상을 갖는 순간 억눌러왔던 욕심이 고개를 든다. 지금 가진 정보를 활용해 수익을 최대한으로 끌어올리고 싶은 욕구가 일어나 주식투자에서 피해야 하는 소위 '몰빵'이 행해지며, 돈을 빌려서(신용, 미수, 대출론)라도 무리하게 매수하고 싶어진다.

많은 투자자들에게 불행이 시작되는 시점이 바로 여기라고 할 수 있다. 하지만 어떤가. 재료나 정보는 앞서 살펴본 바와 같이 세력이 자신들의 물량을 고점에서 떠넘기기 위한 방편이다. '소문에 사서 뉴스에 팔아라'라는 주식 격언이 설득력을 갖는 이유도 뉴스가 나오는 시점은 주가 상승의 출발선이 아니라 결승선이기 때문이다.

하지만 주식투자에서 '절대'란 없다. 주가가 많이 상승한 시점에서 재료가 나오는 경우가 대부분이지만, 주가가 상승하지 않았는데도 불구하고 재료가 나오면 이는 개인투자자들에게 좋은 매수 기회로 작용한다. 결국은 주가의 현재 위치가 중요한 매수 여부를 결정해 준다.

📈 꿈

꿈을 가진 주식이 가장 좋은 주식이다. 대표적으로 4차 산업혁명 관련주나 고령화와 100세 시대를 맞아 제약과 바이오주가 꿈을 먹고 자라는 주식이라 할 수 있다. 주식에서 꿈이란 미래의 성장가치이다. 미래를 알 수 없기 때문에 미래에 일어날 일을 유추하고 공부하는 것이 아니겠는가. 이 책 4부에서 '내가 본 주식투자의 미래'를 다룬 이유도 투자자들이 꿈을 가진 주식을 찾도록 하기 위함이다.

꿈을 가진 주식은 그 기업이 미래를 준비하고 있다는 증거이며, 이런 주식을 사놓으면 기업과 함께 꿈을 꿀 수 있다. 주식이 투기가 아닌 투자가 되려면 단기매매가 아니라, 꿈을 가진 주식과 함께 동행하는 투자가 되어야 한다. 내가 200일선을 강조하는 이유도 꿈을 가진 주식이 출발하기 앞서 물량을 모으는 구간이기 때문이다.

잘못된 주식투자로 어려움을 당했던 내가 다시 일어설 수 있었던 원동력도 꿈을 가진 주식을 알아보는 눈이 생겼기 때문이었다.

미래를 알아보려면 공개되어 있는 정보를 취합하고 정리할 수 있어야 한다. 서점에 가면 미래에 일어날 일을 알려주는 책들이 서고에 빽빽이 꽂혀 있다. 인터넷 검색만 해도 세상을 혁신시키는 기업의 경영자들이 어떻게 세상을 바꿔갈 것인지 포부를 밝혀놓은 인터뷰가 부지기수다. 기자들이 공들여 정리한 '미래를 바꿀 00가지 기술'만 해도 수없이 많다. 그뿐인가. 최근에는 유튜브가 인기다. 예를 들어 무인자동차의 현재를 동영상을 통해 명확히 알 수 있다. 기술이 어느 정도 진행되었는지, 향후 어떻게 발전해 갈 것인지 친절한 설명과 함께 작동원리와 작동하는 모습을 눈으로 확인이 가능하다.

과거에도 미래에 일어날 일을 정확히 예측했던 사람들은 큰 부를 이루었다. 마차가 다니는 도로에 자동차가 다닐 것을 예측했다면 석유나 자동차 엔진에 투자해 큰 부를 이루었을 것이며, 전화기를 들고다니는 시대를 예측했다면 SK텔레콤에 투자해 100배 이상의 수익을 거두었을 것이다. 대한민국을 들썩이게 했던 '새롬기술'이라는 주식은 무료전화가 가능하다는 모멘텀으로 180배 급등하였다. 꿈을 가진 주식, 그것도 세상을 바꾸는 시대의 조류에 편승한 주식은 상상을 초월하는 시세를 낸다.

이미 지나간 시간들에 연연하거나 그때 투자하지 못한 자신을 자책할 이유는 없다. 미래에는 과거보다 훨씬 강력한 변화가 오기 때문이다. 땅에 있던 모든 이동수단이 모두 공중에 떠다니고, 사람이 없어도 기계가 스스로 대부분의 일을 처리하고, 자체적으로 문제를 해결하며 영구적으로 굴러가는 배터리가 생산되고, 각종 칩들이 공기처럼 생활 곳곳에 사용되고, 로봇 한두 대쯤은 가정의 필수품이 되고, 초우량 컴퓨터가 개발되어 사람이 태어나서 죽을 때까지 행하는 모든 일들을 데이터로 수집하고 활용하고, 인간이 간절히 염원해 왔던 병 없이 장수하는 꿈까지 해결해 갈 미래가 우리 앞에 놓여 있다. 이 모든 미래는 투자와 관련이 있다. 따라서 투자자라면 미래에 대한 이야기들을 흥미로만 들을 것이 아니라 이를 신가치투자로 연결하는 습관을 들여야 할 것이다.

CHAPTER 4

급등시세의 원리

📈 상한가와 쩜상한가 1~3번 나온 종목을 주시하라

쩜상한가의 바람구멍은 곧 갭을 의미하고 갭에 의해 주가가 형성된다. 바람구멍은 힘, 에너지이며 세력개입을 단적으로 보여준다. 상한가 역시도 세력의 강력한 매수세를 보여주는 것으로 상한가가 나온 종목은 관심종목에 편입해 두고 지속적으로 체크해야 한다.

실전매매에서 쩜상한가를 매우 중요하게 생각하며 앞에서도 얘기했지만 재기를 하게 도와준 종목이 산성피엔씨이다. 이 종목을 실전매매하면서 쩜상한가의 중요성을 깨달았다.

이렇게 쩜상한가에 관한 많은 실전매매 경험을 토대로 자신 있게 말할 수 있다. 1차 상승기에서 상한가 및 쩜상한가 1~3번 나온 종목을 연구해야 하며, 5번 이상 나온 상한가는 시세가 분출되었을 경우로 2차 추가상승이 제한적일 경우가 많다.

쩜상한가는 일반용어로 '갭 상승'이라 한다. 나는 독자적으로 '바람구멍'이라고 부른다. 이것은 이미 강한 힘이 들어왔다고 보면 된다. 캔들로 말하면 시가, 고가, 저가, 종가가 모두 같은 것이다. 세력의 힘이 매우 크다는 말이다.

이러한 점을 잘 숙지하고 난 후 매수하면 성공할 수 있다. 쩜상한가가 연속으로 나온다는 것은 강한 세력의 개입을 의미한다.

📈 매집을 알면 돈이 보인다

매집은 세력(거래량) + 가치(저평가) + 차트 (정배열) + 정보(대주주, 내부자) 등을 규합하여 분석한다. 주식에서 매집은 주도세력이 기업의 내재가치나 호재성 재료를 미리 알고 차트를 만들어가는 과정이다.

매집과 시세의 사이클을 보면 세력은 일정기간 매집을 한 후에 시세분출 과정을 거쳐 8부능선에서 분할매도 함으로써 한 사이클이 끝난다.

통상적으로 매집은 내부 정보를 미리 알고 있는 대주주나 관련 세력에 의해 이루어진다. 이들은 가치분석에 의한 저평가 국면의 종목 가운데 시장 패션에 맞는 종목군들을 매집하기 시작한다.

이때 세력이 원하는 건 무엇일까? 간단하다. 세력은 정해진 투자자금으로 많은 물량을 저가에 매수하길 바란다. 그러므로 주가가 올라가는 것을 싫어한다. 주가가 상승하면 비싸게 매수해야 하므로 주가가 상승하면 하락시켜 재매수하는 과정을 반복한다. 이렇게 해서 개인투자자들의 접근을 어렵게 하며 물량을 모아나간다.

보통 개인투자자는 주가의 변동과 차트에 민감하게 반응한다. 하지만 세력은 다르다. 세력은 추세를 따르면서 일반투자자의 입맛에 맞게 맞춰주기도 하고 속이기도 하면서 차트를 만들어 나간다. 세력은 매물을 줄이는 과정을 반복하면서 계속해서 매집한다. 주가가 상승하여 일반투자자들이 추격하면 일부를 팔아서 주가를 고의로 하락시키고, 또 어느 정도 하락하면 재매수하면서 하락을 멈추게 만든다.

이렇게 해서 우상향하면서 박스권 장세가 연출된다. 정리해서 말하면 다음과 같다. 중요하므로 잘 기억해두기 바란다.

① 주가가 상승하면 일반은 매수하고, 세력은 일부 매도하고,
② 주가가 하락하면 일반은 저점에서 매도하고, 세력은 저점에서 매수한다.
③ 세력은 고점매도, 저점매수를 마음대로 할 수 있다.

매집의 패턴을 보면 매집은 바닥국면에서 상한가 및 바람구멍을 내며 1차 상승을 한다. 그러므로 일단 강한 상승을 하는 종목을 발견하면 기업의 정보를 검색해 1차 상승이 왜 이루어졌는지를 파악해야 한다. 이때 주가 상승할 수 있는 신기술, 신약개발, 그 외 호재

성 재료가 있으면 이미 세력이 진입되었다고 봐야 한다.

따라서 눌림목 조정 시 많은 물량을 한 번에 매수하면 세력에 노출되기 때문에 분할로 매수해나가는 매매전략이 좋다.

📈 이동평균선의 결집을 눈여겨보라

이동평균선은 일정 기간 동안의 주가를 평균한 값을 연결해 만든 선으로 해당 시점에서 시장의 전반적인 주가흐름을 판단하고 향후 주가추이를 전망하는 데 유용하게 사용되는 지표이다.

이동평균선이 한 점으로 모이는 것을 주목하고 이동평균선의 결집이 이루어지고 나면 급등 아니면 급락으로 보면 된다.

이동평균선이 한 점으로 모이는 과정을 일명 '블랙홀'이라고 한다. 이동평균선이 결집된 후 거래량이 분출되는 지점은 상승의 초기 국면으로 대시세를 예고한다. 상승 초기에 매수가 이루어지고 나면 이동평균선이 일정한 간격으로 벌어질 때까지 지속 보유해야 한다.

여기에서 중요한 점은 이동평균선이 정배열 상태를 유지하며 일정한 간격으로 벌어지면 매도타이밍이 찾아오는 징조인 것이다. 정배열은 주가가 제일 위에 있고 그 아래로 5일, 20일, 60일, 120일, 200일선이 차례대로 배열된 상태를 말한다. 반대로 역배열은 주가가 제일 아래에 있고 그 위에 5일, 20일, 60일, 120일, 200일선이 차례대로 배열된 상태로 주가의 추세가 하락 시 나타나는 차트모양이다.

> - 정배열 : 주가 〉 단기이평선 〉 중기이평선 〉 장기이평선
> - 역배열 : 장기이평선 〈 중기이평선 〈 단기이평선 〈 주가

중, 장기로 투자하는 경우에는 200일 이동평균선으로 흐름을 보는 것이 중요하다.

이동평균선에서 중요한 것은 두 가지이다. 첫 번째는 정배열로 주가가 이동평균선 위에 존재해야 하며, 두 번째는 이동평균선이 우상향으로 상승해야 한다는 것이다. 이 2가지 조건을 만족시키는 종목만을 대상으로 이동평균선 매집패턴을 연구하면 쉽게 종목의 압축과 선정이 가능하다.

이동평균선 매집을 통해 상승하는 종목은 주가가 이동평균선 근처에서 협띠를 형성하며 횡보기간을 거친다. 협띠란 주가가 상승과 하락을 제한적으로 반복하며 이동평균선을 깨지 않고 옆으로 흐르는 경우를 말한다.

📈 신고가나는 종목은 급등을 예고한다

신고가란 직전고점을 뚫고 새로운 최고 가격이 형성된 것으로 새

로운 시세를 예고한다. 시세의 긴 흐름으로 볼 때 신고가의 출현은 본격적인 상승의 신호인 경우가 많다. 신고가는 과거의 매물이 전부 소화되었기 때문에 저항매물이 없어서 거래만 실리면 탄력적인 추가 상승이 가능하다. 신고가가 나는 종목들은 대개 2~5배 이상 급등하는 경우가 많다. 하지만 너무 많이 올라간 신고가 종목을 아가다가는 리스크가 따른다.

매수타이밍은 대체로 박스권을 대량거래로 돌파하며 신고가 나는 국면에서 매수하는 게 좋다. 또한 세력은 신고가라는 걸 속이려고 음봉을 출현시키는 일이 허다하다. 따라서 초보 투자자들은 긴 양봉에 추격매수하기보다는 조정 시 음봉에 물량을 모으는 전략이 좋다.

신고가 종목은 정부정책의 수혜주이거나 신기술 및 회사 내부에 호재가 있어서 다른 업종과 종목보다 먼저 상승하는 시장의 핵심 주도주이다. 그러므로 눌림목 조정의 기회를 잘 관찰해야 할 것이다. 이것이 바로 신고가 나는 업종의 종목에 편승하여 시장수익률보다 수익을 극대화하는 방법이다.

실전에서 빛나는,
김원기의 신가치투자 원칙

나의 신가치투자 원칙은 앞서 발간한 책에서도 몇 차례 소개한 바가 있다. 그럼에도 불구하고 이곳에서 다시 다루는 이유는, 첫째 투자 원칙이야말로 거센 비바람과 풍랑에서도 투자자를 보호해 주는 피난처 역할을 하기 때문이고, 둘째 한 번 세운 원칙이 현재까지 변함이 없기 때문이다. 투자자에게 무엇보다 중요하므로 되새기는 차원에서 반복해서 읽고 자기 것으로 만들었으면 한다.

늙은 시세는 건너뛰고 젊은 시세를 사라

한번 급등 시세를 낸 종목은 다음 시세가 나오기까지 오랜 시간이 걸린다. 긴 시간 동안 잠복기를 거치면서 다음 시세를 준비한다고 생각하면 된다. 빠르게 달리던 말이 다시 질주를 시작하려면 휴식은 필수다. 지쳐 있는 말에 고삐를 죄고 채찍을 휘두른다고 하여 다시 빨리 달릴 수는 없는 법이다. 그러나 투자자들은 지쳐 있는 말에 올라타 빨리 달리지 않는다고, 혹은 달리지 않고 풀을 뜯으며 벌판을 노닐기만 한다고 볼멘 소리를 하기 일쑤다. 결국 투자자들은 지쳐 있는 말에 올라타 애만 태우다가 자신이 탄 말처럼 지치고 만다.

달리던 말이 멈춰 쉬기만 해도 다행이다. 때로는 체력이 완전히 고갈되어 사망에 이르기도 하니 말이다. 종목의 경우에도 급등 시세를 낸 후 상장 폐지가 되기도 한다. 따라서 이미 지나버린 시세에 연연하기보다는 높이 멀리 빠르게 뛰기 위해 체력을 비축해 놓은 젊은 시세에 관심을 돌려야 한다.

2003~2007년까지 우리나라 증시를 달궜던 주도주는 조선과 중공업주, 태양광주였다. 당시 한국은 조선업 세계 1위라는 자랑스러운 타이틀을 달고 주가도 이에 화답하듯 경쟁적으로 상승하였다. 중대형주에서 100배가 오른 종목이 나왔을 정도로 이들 주도주의 기세는 놀라움 그 자체였다. 이어 2008~2011년은 일명 차화정의 시대였다. 차화정이란 자동차, 화학, 정유의 줄임말로 한국의 대표 기업인 기아차, LG화학 등이 증시의 상승을 이끌었다.

이후 2011~2013년은 대선주, 복지관련주 등이 시세를 냈고 2015년부터는 바이오와 제약, 반도체등이 시세를 냈고 2018년부터는 신기술주, 대선주, 바이오, 남북경협주 등이 시세를 냈다.

이렇게 엄청난 시세를 냈던 종목들 대부분이 현재는 투자자의 관심에서 벗어나 있거나 심지어 증시에서 퇴출되기도 했다. 과거의 영광에 매료되어 아직도 이들 종목을 보유하고 있다면, 투자자의 속은 시커멓게 타고 만다. 언제 올지(혹은 정말 올지) 모르는 기차를 기다리는 대책 없는 여행자의 자세와 무엇이 다르겠는가.

한번 큰 시세를 낸 종목은 이미 세력이 빠져 나간 상태다. 산을 넘으면 들판이 나오듯 크게 시세를 낸 종목은 오랜 기간이 흘러야 매물이 소화된다. 매물 소화 과정은 투자자가 인내하기 어려울 만큼의 긴 시간을 필요로 한다. 투자자는 이 기다림의 시간 동안 기회비용 상실이라는 아픔을 겪어야 한다. 다시 시세를 내려면 많은 시간이 필요하다는 점을 결코 가벼이 간과해서는 안 된다. 많은 투자자들이 이제 막 큰 산을 넘어 내려온 종목에 미련을 버리지 못한다. 앞의 큰 산처럼 머지않은 시간 내에 또 다시 그런 멋진 그림을 그릴 것이라고 환상에 사로잡히기 쉽다.

그래서 나는 대시세가 난 종목, 조선업과 중공업은 절대 피해야 한다고 2009년 이후 늘 강조했다. 2012년 8월에는 바닥 대비 10배 이상 상승한 종목을 피하라고 조언했었다. 혹시 이후 상승이 있다 하더라도 이미 큰 시세를 냈기 때문에 그 상승폭이 크지 않다. 앞서 달리던 말의 비유처럼 말이 다시 달릴 수는 있지만, 얼마 가지 못해 바닥에 주저앉고 만다.

어떤 투자자들은 간단하지만 중요한 이 사실을 부인한다. 여러 가지 호재가 겹쳐 있으니 앞으로 더 오를 것이라 장담한다. 하지만 투자자가 말하는 호재는 이미 주가에 모두 반영되어 있다고 보는 게 옳다. 내가 아는 호재는 남들도 다 아는 호재이며, 주가를 부양한 주도세력은 이미 오래 전부터 이 사실을 알고 주가를 끌어올려 왔다. 주가가 비싸진 상황에서 호재성 기사와 정보를 활용해 자신들의 물량을 떠넘기고 있는 것이다.

특히 개인투자자들은 바닥 대비 얼마나 올랐느냐보다는 고점 대비 하락한 가격만을 생각하는 경향이 짙다. 1만 원 하던 주가가 20만 원까지 올랐고, 현재 15만 원이라면, 20배나 올라 거품이 잔뜩 낀 주가를 생각하기보다 고점 대비 25%나 떨어졌다고 판단하는 것이다. 20만 원에 산 사람보다 5만 원이나 싸게 샀다고 생각한 투자자는 이후 자신이 산 15만 원을 기다리느라 길고 긴 세월을 견뎌야 한다. 좀처럼 오르지 않기 때문이며, 오히려 야금야금 흘러내리기만 하기 때문이다. 문제는 고통이 여기서 그치지 않는다는 점인데, 대시세가 지난 다음에는 감자나 상장폐지가 되기도 한다.

그래도 우량주의 경우에는 시간이 지나면서 매물소화 과정을 거쳐서 다시 상승하는 경우가 있다. 하지만 개별주의 경우는 정부정책에 관련된 테마주를 형성하고, 단기적인 시세차익을 노린 세력들의 의한 급등이므로 우량주처럼 재상승은 요원한 일이 되고 만다. 그러므로 과거의 정권과 더불어 급등했던 종목은 실적 수반이 되지 않으면 투자가치가 현저히 떨어지므로 투자에 주의해야 한다.

연도별 급등주 – 산

- 1960년대 : 모방주(방림방적)
- 1970년대 : 건설주(삼환기업)
- 1980년대 : 증권주(대우증권)
- 1990년대 : IT(SK텔레콤)
- 2000년대 : 코스닥(솔본)

- 2005년도 : 바이오(삼성엘엔에스)

- 2003~2007년 : 조선주(STX), 태양광(OCI)

- 2008~2012년 : 차화정(기아차)

- 2011년 ~ : 개별주 장세(대선주)

- 2015년도 : 대선주, DMZ 등

- 2016년도 : 신기술주, 대선주 등

- 2017년도 : 반도체, 바이오

- 2019년도 : 경협주, 4차산업 관련주, 내수주

미수, 신용, 대출을 금지하라

"여윳돈으로 투자해야 안정적으로 수익을 축적해 갈 수 있다."

투자자들에게 항상 강조하는 말이다. 아무리 강조해도 지나치지 않는 말이다. 빚을 내서 투자하면 어떤 경우 레버리지 효과가 발생해 기대 이상의 수익을 거둘 수도 있다. 하지만 이는 장밋빛 희망에 젖은 나머지 장점만 크게 보고 단점은 보지 않는 불안정한 투자, 그 이상도 그 이하도 아니다. 무엇보다 심리가 흔들리기 때문에 전쟁에서 승리하기란 매우 어려운 일이다.

여윳돈으로 투자를 해야만 급등에도 급락에도 편안한 마음으로 투자를 지속할 수 있다. 하지만 레버리지가 작용하면 이야기는 180도 달라진다. 급등 시에는 자신이 가진 자금보다 훨씬 큰 수익이 나기 때문에 빨리 팔고 수익을 확정한 후 빌린 돈을 갚으려는 심리가 강하게 작용한다. 시세의 끝을 보기보다는 단기매매로 대응할 수밖에 없다.

급락 시에는 문제가 훨씬 커진다. 손실이 배가 되므로 투자자는 마음에 풍랑이 일며 평정심을 유지하기 어렵다. 이러지도 저러지도 못하고 커지는 손실에 넋이 빠지고 만다. 또한 무모하게 추가자금을 투여하여 손실을 만회하고자 하는 심리가 강해진다. 그래서 빚을 내거나, 이미 빚진 상태에서 새로 자금을 끌어온다. 주식투자에서 돈을 잃는 투자자들의 흔한 패턴 중 하나다. 거래하는 증권사를 통해 손쉽게 대출이 가능하기 때문에 투자자는 빚내서 투자하는 유혹에 빠지기 쉽다.

지금 이 순간에 사지 않으면 마치 영원히 사지 못할 것 같은 조급함과 큰돈을 벌려는 욕심이 결국 화를 부른다. 이 때문에 미수, 대출을 하게 되고, 조금만 하락하면 투매해 버리는 우를 범한다. 이런 과정을 반복하면 계좌는 계속 마이너스가 날 수밖에 없다.

개인 비중이 높은 코스닥 종목을 보면 많은 종목들이 신용이 걸려 있는 것을 확인할 수 있다. 여기서 투자자들이 간과하는 부분이 있다. 신용 비중이 높은 종목들은 신용물량을 어느 정도 소화하기 전까지는 상승이 어렵다는 점이다. 지금은 누구나 HTS를 통해 현재 종목의 신용비율을 확인할 수 있다. 따라서 투자 시 신용비율이 높다면 한번쯤 다시 생각해 보는 시간을 가져야 한다.

주식시장은 환상만 가지고 돈을 벌 수 있는 곳이 아니다. 올바르고 장기적인 투자행위를 통해 한걸음씩 앞으로 나아가야만 돈을 벌 수 있으며, 위험에 노출되지 않고 안전한 거래를 할 수 있다.

그러므로 투자자는 대박에 대한 환상을 버리고 미수, 신용, 대출은 절대로 피해야 한다. 여윳돈으로 저평가되고 매집된 우량가치주를 분할 매수하여 배당을 받으면서 주가가 본연의 가치를 찾아갈 때까지 보유하는 것이 정석투자이다. 큰 수익을 내고자 하는 주식 시장에서 배당은 크게 느껴지지 않을 수도 있다. 그럼에도 불구하고 배당을 받아본 사람만이 주식투자의 진면목을 느낄 수 있다.

분산투자, 분할매수, 비중을 지켜 매수한다

"계란을 한 바구니에 담지 말라."

투자자들 사이에서 유명한 주식투자 격언이다. 문제는 위험성을 알면서도 실천하지 않는다는 데 있다. 폭등할 주식을 미리 알 수만 있다면 굳이 계란을 나눠 담을 필요가 없다. 한 바구니에 담아서 최대의 이익을 올리는 것이 현명한 선택일 것이다. 하지만 미래를 알 수 없기 때문에, 혹은 예측은 되지만 예측이 빗나갈 수 있기 때문에 계란을 나눠 담아 리스크에 대비하는 것이다.

투자자는 여러 종목에 자금을 분산하여 비중을 조절해야 하고, 주식을 매수할 때에도 분할매수 원칙을 지켜야 한다. 이는 자금이 많으면 지키고, 적으면 지키지 않아도 되는 문제가 아니다. 자금의 규모를 떠나 투자자라면 누구나 지켜야 하는 철칙 중 하나다.

자금의 규모가 작더라도 분산투자를 해야 '투자'를 했다고 말할 수 있다. 반면 대박의 욕심에 한 종목에 올인하다 보면 리스크 관리가 되지 않고 미풍에도 심리가 흔들리게 되어 있다. 물론 자금이 크면 클수록 마음의 풍랑도 더 거세진다. 주식으로 큰 부를 이룬 사람들은 예외 없이 분산투자를 실행하여 큰 시세를 경험했던 사람들이다. 크게 구르기를 반복해야만 큰돈을 벌 수 있다. 작게 여러 번 굴러서는 주식의 신이 아닌 이상 원금을 보전하기도 벅차다.

분산투자의 표본을 제시한 이는 존 템플턴이다. 그는 제2차 세계 대전 당시 1달러 미만에 거래되는 104개 기업의 주식을 사놓았다. 이후 얼마 지나지 않아 4개 종목을 뺀 100개 기업에서 큰 수익을 거두었다. 그는 여러 종목에 분산투자하여 위험부담을 최소화한 것이다.

나 역시 실전매매에서 회원들에게 매일 비중조절, 즉 포트폴리오 구성의 중요성을 강조한다. 아무리 좋은 종목이라도 한 종목에 비중을 많이 실으면 심리적인 압박을 받아 민감하게 반응하게 된다. 지속적인 보유가 그만큼 어려울 수밖에 없다. 좋은 종목을 선별해 놓고도 수익은 크게 보지 못하는 이유가 여기에 있다. 주식으로 돈을 벌고 나아가 부를 산처럼 쌓고 싶다면 분산투자, 분할매수, 비중조절의 원칙을 철저히 지켜야 한다.

사업하듯 투자하라

최고의 투자자로 꼽히는 워렌 버핏은 투자자들이 잊지 말아야 할 최고의 투자마인드는, 바로 기업의 오너처럼 생각하는 것이라고 강조했다. 그는 투자를 할 때 단순히 주식을 사는 것에 그치지 않고 기업을 소유한다는 생각을 가져야 한다고 역설했다. 버핏은 여기서 더 나아가 투자자들이 기업의 오너처럼 생각하고 경영하기를 바랐다.

버핏은 "10년을 보유하지 못할 주식은 단 1초도 보유하지 말라"고 했다. 나 역시 주식투자는 사업가의 마인드로 접근해야 한다고 조언해 왔다. 모름지기 사업가에게 배우는 자세로 주식은 투기가 아닌 투자를 해야만 성공할 수 있다. 워렌 버핏은 주식투자는 직접 사업을 벌이는 것과 마찬가지라고 생각하고, 경기변동을 유리하게 활용함으로써 안전마진을 추구하는 것이라고 지적했다.

시장에 비관이 팽배할 때 저가에 매수하라

앞서 소개한 존 템플턴은 바겐헌터의 대가로도 유명하다. 그는 시장이 비관적일 때 남들과 다른 방향으로 투자하는, 즉 적극적으로 매수하는 바겐헌터 전략가였다. 그에 따르면 증시의 폭락은 바겐헌터들에게는 10년에 겨우 한두 번 찾아오는 절호의 찬스다. 누군가에게는 고통의 시간이 누군가에게는 애타게 기다렸던 매수 기회라는 사실을 기억해야 한다.

그는 되풀이되는 증시 버블과 대폭락의 사이클을 간파해 냈다. 그리고 기회를 포착해 바겐헌터 전략을 펼쳐 엄청난 수익을 거두었다. 이는 주식에만 한정되지 않는다. 여타 글로벌 자산들이 모두 상승과 하락의 사이클을 오간다. 끝없이 오르는 종목은 존재하지 않는다. 길게 봤을 때 끝없이 오르는 것처럼 보일 뿐 그 과정에서 조정과 휴식의 시간을 갖는다.

투자자들은 어떻게 대응해야 하는가. 시장 가치보다 저평가된 종목을 발굴하여 지속적인 관찰 하에 시장흐름과 맞는 종목을 선정하는 안목을 키워야 한다. 그리고 시장이 하방으로 심하게 흔들릴 때 저점에서 물량을 모아가는 전략을 펼쳐야 한다.

특히 악재가 발생하여 투매가 나와서 급락할 때가 절호의 매수 기회이므로 이때 저점에서 매수하여 물량을 늘려야 한다. 글로벌 악재가 나올 시에는 기업의 가치와 상관없이 대부분의 종목들이 급락하고, 투매가 쏟아진다. 마치 주식시장이 망하기라도 할 것처럼 너나없이 엑소더스에 앞다투어 동참한다. 그러면 증시는 시퍼렇게 멍들어 온갖 암울한 기사들이 지면을 뒤덮고, 다시는 회복하지 못할 것 같은 짙은 그림자가 투자자의 심리를 격하게 짓누른다.

여기서 다시 한 번 강조한다. "모든 사람이 하락에 대한 공포심을 가질 때 존 템플턴의 역발상적인 생각으로 바겐헌터가 되어라."

씨앗을 뿌리고 바로 캐면 쪽박이다

어느 분야든 마찬가지지만 주식시장 역시 돈을 벌기란 쉬운 일이 아니다. 헝가리 출신의 세계적인 주식투자자 앙드레 코스탈로니는 말했다.

"주식에서 번 돈은 고통의 산물이다."

대가의 입에서 나온 말이니, 자신이 주식투자로 큰돈을 번 것은 맞지만 그 과정이 결코 쉽지 않았음을 고백한 말이라 생각한다.

투자자를 농부에 비유해 보자. 농부는 좋은 씨앗을 골라 밭에 뿌리고, 씨앗이 싹트도록 기다려야 한다. 여기에서 중요한 점은 싹이 날 때까지의 기다림이다. 잡초가 나면 솎아주면서 씨앗이 열매를 맺는 데 문제가 없도록 하면서 추수를 기다려야 한다. 그런데 농부가 마음이 급해서 아직 여물지도 않은 열매를 추수한다면 어떻게 될까. 한해 농사를 모두 망치고 말 것이다. 씨앗을 뿌려야 할 때와 열매를 거둬들여야 할 때는 따로 있다. 자연의 이치를 부정해서는 좋은 결실을 맺기 어렵다. 욕심만 가지고는 아무것도 성취해 내기 어려운 것이 우리 인생의 단면이다.

주식도 이와 마찬가지다. 워렌 버핏이 주주들에게 보낸 서한을 보면, 소액투자자를 위한 원칙이라는 것이 있다.

'거래를 남발하지 말라', '과도한 거래가 결국 고비용으로 이어진다. 흥분과 고비용은 투자자의 적이다.'

그의 스승 벤저민 그레이엄도 같은 생각이었다. 증권사는 주된 수입원인 수수료를 얻기 위해서 투자자들에게 잦은 매매를 권유할 수밖에 없다. 이들의 정보는 투기를 부추기는 경우가 태반이라고 비난했다.

주식을 거래할 때는 손익에 상관없이 매수, 매도할 때 모두 수수료가 부과된다. 매도를 할 때는 세금도 추가된다. 결국 잦은 매매는 증권사만 배불리는 결과가 된다.

　그러므로 현명한 투자자라면 잦은 매매는 가급적 삼가고 대주주와 사업한다는 마인드로 좋은 주식을 심사숙고한 끝에 매수하여 중장기로 보유해야 한다.

　신가치투자는 종목을 옮겨다니며 잦는 매매를 일삼거나 단기적인 시각으로 시장을 바라보지 않는다. 신가치투자가 제시하는 기준과 원칙에 입각하여 거기에 부합하는 종목만을 선별적으로 매수하기 때문에 한 번 사면 쉽게 팔지 않고, 과실이 맺을 때까지 묵묵히 보유하는 전략을 지속한다.

신가치투자는

① 글로벌시장의 흐름을 유심히 관찰하면서 현재의 시장을 주도하는 업황이 어디인지 파악한다.

② 과거에 큰 산을 이루며 대시세를 냈던 업황은 배제한다. 한번 시세가 난 업종은 다음 시세에는 철저히 배제되는 것이 그동안 시장이 걸어왔던 길이기 때문이다.

③ 이처럼 시대를 이끌고 장을 주도하는 업종을 찾아 집중 공략한다.

④ 겹겹이 쌓인 매물벽을 통과했다면 긍정적인 신호로 받아들인다. 기지개를 켜기 위한 준비단계는 마친 셈이다.

⑤ 여기에 주가가 우상향으로 방향을 틀었는지 확인하고,

⑥ 현재 주가의 위치가 저평가 단계인지 체크한다.

⑦ 매집(협띠)이 충분히 되었는지도 중요하다.

⑧ 재료가 무엇이며,

⑨ 미래가치가 있는지도 놓쳐서는 안 된다. 그리고

⑩ 기본적 분석에 해당하는 재무구조를 살피면서 회사에 문제가 없는지 확인한다. 또한

⑪ 신가치투자는 미래를 이끌 핵심 키워드인 '고령화, AI, 모바일, 건강, IT융합' 등을 투자에 대입하여 한 종목, 즉 나무 한 그루만 보는 실수를 방지한다. 자칫 한 종목에 매료되어 미래가치가 떨어지는 종목에 과다하게 비중을 실어서는 곤란하다.

이처럼 다양한 스펙트럼에 주식을 통과시키면 많은 종목들이 자연스레 필터링이 되고, 투자하기 좋은 종목들이 마치 '점'처럼 한 곳으로 모인다. 각각의 스펙트럼이 가리키는 지점은 늘 있기 마련이다. '이리 보고 저리 봐도 그 종목'인 종목들이 도출된다는 의미다.

이러한 과정을 거친 후 투자를 하면 바로 캘 필요가 없다. 토양과 물이 좋은 곳에 튼실한 과일나무를 심어놓았으니, 이제 농부인 투자자가 할 일은 과실이 열리기를 기다리는 것뿐이다.

씨앗을 바로 캐지 않아도 되는 종목에 투자하는 것이 우선이며, 한 번 투자를 했으면 과실이 열릴 때까지 기다리는 투자가 승리하는 투자라 하겠다.

부정된 정보와 뉴스를 차단하라

투자자 중 일부는 신문이나 뉴스를 지나치게 맹신하는 경향이 있다. 그 정보의 가치를 판단하기보다는 정보를 많이 얻기만 하면 투자를 잘할 수 있다고 믿는다. 그래서 더 많은 정보를 얻기 위해 동분서주하지만 정작 자신에게 필요한 정보가 무엇이고, 돈이 되는 정보가 무엇인지 판별하지는 못한다. 그러다 보면 세력들이 쳐놓은 정보의 덫에 빠지기 쉽다. 많은 투자자들이 뉴스와 신문을 신뢰한다는 사실을 세력들은 잘 알고 있기 때문에 이를 역이용하는 것이다.

우리가 접하는 기사 중 일부는 가치가 없다. 바로 세력들이 저점에서 매집해 놓은 주식을 끌어올린 후 호재성 뉴스를 발표하면서 매도하기 때문이다. 투자자들은 이 사실을 까맣게 모르고 기사에 현혹되어 이미 지나치게 많이 상승하여 상승 여력이 떨어져 있는 주식을 비싼 돈을 주고 매수한다. 투자자들이 번번이 손실을 입는 이유가 여기에 있다. 뉴스나 정보를 통해 뒤늦게 매수함으로써 스스로 위험한 불구덩이로 들어간다.

글로벌 금융위기 당시 모기지 사태로 인해 국내 종합주가지수가 폭락했을 때 나는 좋은 기회가 왔음을 확신했다. 신문과 뉴스 등 언론에서는 연일 주식폭락 기사를 대서특필했다. 대부분의 투자자들은 '이제 주식은 완전히 끝났다'고 믿었다. 하지만 한바탕 광풍이 휩쓸고 지나가자 언제 그랬냐는 듯 새로운 봄이 오고 따뜻한 바람이 불기 시작했다. 그 직전에 씨앗을 뿌려놓았다면 단기간에 큰 수익을 거둘 수 있었으며, 중장기적으로도 큰 부를 이룰 수 있는 기회였다.

뉴스나 정보를 꼼꼼히 살피고 분석하는 일은 투자자의 올바른 자세다. 하지만 그렇다고 하여 뉴스를 맹목적으로 맹신하거나 자신의 판단 없이 의존해서는 안 된다. 일반 투자자들은 좋은 뉴스에 현혹되어 매수하고 나쁜 뉴스에 매도해 버리는 우를 범하는 경우가 많다. 주식은 본연의 가치보다 저평가 되었을 때 매수하고, 좋은 재료로 호재성 기사가 보도될 때 매도하는 투자자가 되어야 한다.

미래를 연구하면 종목이 보인다

삼성전자는 반도체비전 2030을 선언하고 5G, AI, 사물인터넷(IoT) 등을 미래 먹거리로 삼는 시스템 반도체 시장에서 세계 1위에 오르겠다고 밝혔다.

반도체 굴기를 노리는 중국기업 알리바바가 반도체 부문을 출범시킨 지 불과 1년 만에 AI칩 NPU 기술 한광 800을 공개했으며 화웨이도 5G 반도체 신제품을 발표하고 있다.

아마존 알렉사는 스마트 스피커 에코 프레임 안경과 함께 출시돼 AI 스피커 시장 성장과 함께 시장 주도권을 갖게 됐다. 하지만 최근 이 시장에서 구글 어시스턴트가 빠르게 점유율을 넓히고 있다.

현대차는 운전자 조작 없이 부분 자율주행이 가능한 3단계 기술을 적용하고 있다. 앞으로 운전자의 개입 없이, 자동차 스스로 달릴 수 있는 수준의 4단계 기술을 다듬어 2024년까지 상용화할 계획을 밝혔고. 2030년에는 5단계 기술인 완전 자율주행차, 즉 무인차의 개발을 완료할 것이라고 발표했다.

1990년 당시 SK텔레콤 사장은 앞으로 10년 후엔 초등학생들도 핸드폰을 들고 다니는 시대가 올 것이라고 예상했다. SK텔레콤 주가는 1990년대 초 약 5천 원에서 2000년도에는 540만 원까지 급등했다.

이처럼 다가올 미래를 공부하고 연구하면 종목이 보인다. 미래를 알고 이를 투자에 활용하면 부의 고속도로를 질주할 수 있는 것이다. 따라서 이 책에서 다룬 미래뿐만 아니라, 책과 뉴스, 리포트 등을 활용해 다가올 미래를 공부하는 투자자가 되어야 한다.

매수 매도 타이밍

1. 천정에 사지 않고 바닥에 팔지 않는다

세력이 개입된 것을 확인하고 무릎에서 사서 꼭대기를 확인하고 8부 능선에서 팔아야 한다. 이를 부연설명하면 섣불리 바닥을 예측하여 서둘러 사지 말고, 주가가 바닥을 다진 후 상승하기 시작하면 이평선이 정배열을 이루면서 비행을 준비한다. 이때 주식을 분할매수한다. 매도의 경우도 마찬가지다. 천정을 예측하여 서둘러 팔지 말아야 한다. 주가가 어디까지 갈지 알 수 없기 때문이다. 주가가 산의 꼭대기를 형성한 후 하락하기 시작하면 매도를 준비하돼 재차 상승할 수 있으므로 8부 능선까지 주가가 하락하면 매도를 한다. 그래야 잠시 조정을 보이고 다시 상승하는 주가 흐름을 놓치지 않는다.

2. [매수 원칙] 언제 사야 하나?

① 저평가된 종목을 발굴하여 이동평균선 정배열 상태에서 5일선, 20일선 위에 주가가 위치해 있을 때 매수한다.

② 우량한 종목이 단기 악재에 의해 낙폭이 심화될 때, 일명 '눈물방울' 흘릴 때 매수한다.

③ 바람구멍 나며 상한가로 급등한 후 가격과 기간조정이 이루어지며 거래량이 감소될 때 매수한다.

④ 비관론이 극에 달할 때가 매수 시점이다(우량주는 악재, 폭락이 나올 때 매수해야 한다).

⑤ 거래의 씨가 마를 때 매수한다.

⑥ 매집되고 저평가되어 있는 지점에서 매수한다.

⑦ 분할매수, 맘에 쏙 들더라도 한 번에 다 사지 않는다.

　→ 처음에는 30% 매수, 그 다음 주가 추이를 보면서 30% 매수, 마지막으로
　　40% 추가 매수한다.

⑧ 분산투자, 비중조절로 심리를 안정화 시킨다.

3. [매도 원칙] 언제 팔아야 하나?

① 이동평균선이 정배열 상태로 간격이 일정하게 벌어질 때 매도한다.

② 연속상한가를 가던 종목이 상한가를 가지 못하면 일단 매도한다.

③ 창사 이래 최대실적, 기타 호재성 재료가 나오는데도 불구하고 주가가 더 이
　상 상승하지 못하면 매도한다.

④ 상승하던 주식이 대음봉을 맞으며 거래가 터질 때 매도한다.

⑤ 최고로 낙관적일 때가 가장 좋은 매도 시점이다.

　→상황이 매우 비관적일 때가 매수 시점이고, 장밋빛 상황에 모든 것이 낙관
　　적일 때가 매도 시점이다.

① 늙은 시세는 건너뛰고 젊은 시세를 사라

→ 한번 큰 시세를 낸 종목은 이미 세력이 빠져나간 종목이다.

② 미수, 신용, 대출을 금지하라

→ 여윳돈으로 주식투자를 하지 않으면 작은 등락에도 심리 불안으로 손실이 나기 쉽다.

③ 분산투자, 분할매수, 비중을 지켜 매수한다

→ 종목 매수비중을 우량주는 10%, 개별주는 5% 이내로 하여 3회 분할매수하는 전략이 좋다.

④ 사업하듯 투자하라

→ 주식투자도 사업이다. 사업가에게 배워라.

⑤ **시장에 비관이 팽배할 때 저가에 매수하라**

→ 모든 투자자가 공포에 투매할 때 바겐헌터가 되어라.

⑥ **씨앗을 뿌리고 바로 캐면 쪽박이다**

→ 농부가 봄에 씨앗을 뿌리고 가꾸어서 가을에 추수를 할 때까지 기다리는 마음으로 주식투자에 임해야 한다.

⑦ **부정된 뉴스와 정보를 차단하라**

→ 동서남북으로 알려진 정보가 뉴스페이퍼다. 그러므로 인터넷이나 각종 매스컴에서 나오는 정보는 사방팔방으로 다 알려진 정보다.

⑧ **미래를 연구하면 종목이 보인다**

→ 미래에는 AI, 환경, 바이오, 인공지능, 로봇, 나노, 뇌공학, 유전자 가위, 빅데이터, 자율주행차, 무인드론 등의 신산업들이 부상할 것이다.

PART 2

돈의 흐름 속에
투자의 지름길이 있다

금리가 낮아지면 이자부담이 줄어들고 싼값에 돈을 빌릴 수 있고 그만큼
투자가 활발해지므로 이로 인해 경기가 살아나면 주식을 사려는 사람이
늘어나 주가상승의 요인이 된다.

CHAPTER 1

주식과 경기와의 관계

기업의 주가는 항상 일정하게 시장가치를 반영하는 것은 아니며 외부 변수와 경기 상황에 따라 때로는 기업의 가치보다 주가가 저평가 될 수도 있고, 때로는 고평가 될 수도 있다. 그러나 기업의 주가는 결국 기본적 가치에 수렴하기 때문에 저평가에 매수하여 고평가가 될 때 매도하는 것이 원칙이다.

기업실적이 좋으면 주가는 상승하고, 기업실적이 저조하면 주가는 하락한다. 기업실적은 매출액, 경상이익, 당기순이익 등이 포함된다. 기업실적은 경기, 금리, 환율, 경상수지 등에 긴밀하게 영향을 받는다.

헝가리 출신의 앙드레 코스톨로니의 주식시장을 '개'에 비유했다. 주인이 개를 데리고 산책하면 개는 주인보다 앞서 달려가다가 뒤를 돌아본다. 주인과의 거리가 너무 떨어졌다 싶으면 다시 주인에게 돌아간다. 주인보다 앞서거니 뒤서거니 걷지만, 결국 주인이 걸어가는 방향을 따라간다. 주식시장과 실물 경기는 강아지와 주인의 관계처럼 비슷하다는 비유이다.

경기분석

주식시장도 단기적으로는 상승과 하락을 반복하지만 결국에는 경기에 따라 움직인다.

경기에도 사계절이 있다. 우라가미 구니오는 네 국면을 '금융장세(봄)-실적장세(여름)-역금융장세(가을)-역실적장세(겨울)로 정의했다. 주가는 경기에 선행하며 이 네 국면을 반복하며 움직인다.

① 금융장세

금융장세는 금리가 하락하여 돈의 힘으로 밀어올리는 유동성 장세가 시작되면서 주가가 상승한다. 실제로 기업들의 실적이 좋아지지 않은 상태에서 주식시장이 먼저 선행하여 돈의 힘으로 상승하는 장세이다. 경기를 살리기 위해 정부는 생산활동과 소비활동을 직간접적으로 지원해 주는 자본의 하나인 사회간접자본에 투자하여 건설을 비롯한 주택, 도로, 전기, 통신 등에 돈을 투입하여 경기를 진작시킨다. 금융장세에는 금리하락으로 인해 기업의 이자부담이 줄어들고 이는 주가상승요인으로도 작용한다.

② 실적장세

실적장세는 경기가 본격적으로 회복되면서 실적이 좋은 기업들을 중심으로 주가가 상승해 전반적으로 확장되는 장세이다. 실적장세는 펀더멘탈이 좋아지고 기업의 이익이 증가하여 실적을 바탕으로 주가는 신고가를 경신하는 기업들이 속출한다. 기업의 자금 수요 역시 증가해 금리가 서서히 오르고 주식시장이 전반적으로 활기를 띠며 호황이 계속된다. 금융장세에 비해 주가지수의 상승률은 떨어지지만, 산업 전반이 골고루 상승하는 것이 실적장세의 특징이다.

③ 역금융장세

역금융장세는 실적장세 이후로 물가상승, 인플레이션이라는 복병이 생기며 주가에 불안함을 느낀 큰 손들이 이탈하고 정부가 경기 과열을 막기 위해 금리를 인상하고 긴축정책을 실시하는 장세이다. 역금융장세에는 신고가를 내는 종목들도 눈에 띄게 줄어들고 주식시장으로 유입되는 자금이 감소하기 때문에 적은 돈으로도 쉽게 상승하는 중소형주의 움직임이 상대적으로 눈에 띈다.

④ 역실적장세

역실적장세에는 금융의 재정긴축으로 경기가 냉각되며 기업들의 이익이 감소하기 시작한다. 호황이 지속되면 자금 수요가 많아져 정부는 인플레이션, 국제수지 불균형 등을 우려하여 금융긴축에 나선다. 이로 인해 금리는 상승하고 주가는 하락한다. 그러나 이 시기가 일정하게 흐르면 바겐세일중인 우량주를 싼값에 매수할 수 있는 절호의 기회가 된다.

경기분석, 즉 경제를 분석하기 위해서는 경제지표를 활용한다. 여기에는 GDP, 금리, 통화량, 환율, 물가지수, 국제수지, 실업률, 인플레이션, 이자율 등이 있으며, 모두 주가에 영향을 준다.

경기가 호황이면 주가는 상승하고, 경기가 불황이면 주가는 하락한다. 보통 주가는 경기를 6개월 선행한다. 그러므로 주가가 상승하면 6개월 후에는 경기가 호전되고 주가가 하락하면 6개월 후에는 경기가 하강한다는 의미이다.

- 경기 상승 – 주가 상승
- 경기 하락 – 주가 하락

경기를 파악하는 유용한 지표로는 GDP, 금리와 통화, 환율, 경상수지 등이 있다.

🖥 GDP

국내총생산을 의미하는 GDP는 한 나라의 영역 내에서 국적을 불문하고 가계, 기업, 정부 등 모든 경제 주체가 일정 기간 동안 생산

활동에 참여하여 창출한 부가가치 또는 최종 생산물을 시장가격으로 평가한 합계이다. 따라서 GDP는 현재의 경제를 파악할 수 있는 가장 중요한 지표 중 하나이다.

GDP는 경제를 파악하는 가장 중요한 지표이므로 GDP가 좋아지면 주가에도 긍정적인 영향을 준다. 특히 GDP는 전년 대비, 전분기 대비 변화에 주목할 필요가 있다. 미래에 투자하는 주식의 특성상 GDP가 어떤 방향으로 움직이느냐에 따라서 투자 여부를 결정할 수 있다.

📊 금리와 통화량

각국의 중앙은행은 금리를 통해 유동성(통화량)을 조절한다. 중앙은행은 경기와 물가상승률을 고려하여 금리를 결정한다. 현재의 경제상황이 좋다고 판단되면 금리를 인상하여 경기를 안정시키고, 현재의 경제상황이 나쁘다고 판단되면 금리를 인하하여 경기를 부양한다.

한국의 경우 매월 둘째 주 목요일에 한국은행의 금융통화운용위원회에서 금리의 적정성 여부를 판단하여 금리를 결정한다. 미국의 경우에는 FRB라 불리는 연방준비제도이사회에서 FOMC를 년 4~5회 개최하여 각종 경제지표를 진단하고 금리를 결정한다. 이사회의 금리 결정에 따라서 세계경제가 출렁거린다.

금리에 따라 투자처가 달라진다. 시중금리가 높아지면 사람들은 돈을 은행에 넣어두려고 할 것이다. 그러므로 금리가 높아지면 주식시장으로 유입자금이 적기 때문에 주가가 하락하는 이유이다.

또한 금리에 따라 기업의 수익성이 달라져 기업의 펀더멘탈에 영향을 준다. 금리가 상승하면 기업은 더 많은 이자를 지불해야 하고 기업활동을 지속해야 하기 때문에 적극적으로 투자하기에 부담이 될 것이다. 오히려 빌렸던 자금을 되갚아 리스크를 줄이려 할 것이다. 금리가 낮아지면 이자부담이 줄어들고 싼값에 돈을 빌릴 수 있고 그만큼 투자가 활발해지므로 이로 인해 경기가 살아나면 주식을 사려는 사람이 늘어나 주가상승의 요인이 된다.

일반적으로 금리가 상승하면 주가는 하락하고 금리가 하락하면 주가가 상승한다.

> · 금리 상승 - 통화량 감소 - 주가 하락
> · 금리 하락 - 통화량 증가 - 주가 상승

통화량이 많아지면 주가가 상승하고, 통화량이 줄어들면 주가가 하락한다. 통화량이 증가했다는 것은 시중에 자금이 그만큼 많이 풀렸음을 의미한다. 따라서 금리가 낮아지게 되며 기업은 싼 이자로 더 많은 자금을 빌려 투자를 확대할 것이다. 투자자 입장에서도 낮은 금리로 돈을 빌려 주식에 투자하기 쉬워질 것이다. 따라서 주가는 상승하게 된다.

📟 환율

환율은 그 나라 통화의 가치가 달러 대비 얼마인가를 측정하는 자료이다. 환율은 한마디로 정의하면 달러의 가치이다.

예를 들어 설명하면 1달러가 1000원에 거래되다가 1200원으로 오른다면 1달러로 살 수 있는 한국 돈이 더 많아진다. 즉 달러의 가치가 올라가게 되고 이를 평가절상이라 하며, 달러와는 반대로 원화의 가치는 하락하게 되는데 이를 평가절하라고 한다.

환율은 주가 상승의 요인이 되기도 하고 하락의 요인이 되기도 한다. 환율이 상승하면 국내 기업들의 수출경쟁력이 강화되어 수출이 늘어나 매출이 늘고 이익도 증가할 것이다. 따라서 긍정적 요인으로 작용한다. 이에 반해 외국투자자들은 국내 주식시장에 투자할 매력을 잃고 자금을 빼갈 것이다. 따라서 환율과 주가의 상관관계를 파악할 때는 수출기업인지, 내수기업인지를 구별할 필요가 있다.

또한 환율이 상승하면 외화부채를 많이 갖고 있는 기업들은 빚이 증가해 경영에 어려움을 겪기도 한다.

환율이 하락하면 수출 기업 입장에서는 수입대금이 그만큼 줄어들어 주가 하락의 원인이 될 것이다. 경쟁력이 약해져 수출이 줄어들고 수입이 증가하는 효과가 있어 해외투자 둔화, 핫머니 유입 등의 부정적인 효과로 주가에 하락 요인으로 작용한다.

또한 주가가 상승하고 환율이 하락하면 외국인들은 이중으로 수익을 얻게 된다. 시세차익과 함께 환차익이 생기기 때문이다. 따라서 외국인들은 환율하락이 예상되면 환차익을 고려하여 순매수 규모를 늘린다.

- 환율상승 – 주가 상승
- 환율하락 – 주가 하락

📊 경상수지

경상수지는 국제경제 상황을 나타내는 지표로 경상거래에서 외국에서 벌어들인 돈과 외국에 지불한 돈의 차이이다. 외국에서 벌어들인 돈과 지불한 돈이 일치하는 경우(경상수지균형)는 흔치 않다. 대개의 경우 벌어들인 돈이 지출한 돈보다 크거나(경상수지 흑자), 벌어들인 돈이 지출한 돈보다 적은 경우(경상수지 적자)이다. 경상수지 적자는 결국 국내에서 생산한 소득보다 지출이 크다는 의미이다.

일반적으로 환율이 상승하면 수출이 증가하고 수입이 감소함에 따라 경상수지가 개선된다. 경상수지가 흑자면 주가는 상승하고, 경상수지가 적자면 주가는 하락한다. 경상수지 흑자란 쉽게 말해 수입 대비 수출 비중이 커서 국내 경기가 좋아지고 있음을 의미한다. 경상수지 적자는 수출 대비 수입의 비중이 커서 국가적으로 손해 보는 장사를 하고 있다는 의미이다.

경상수지 흑자란 기업의 입장에서도 이윤이 많아졌음을 의미하므로 주가는 오르는 게 당연하다. 반대로 경상수지 적자라는 것은 기업의 이윤이 그만큼 줄었다는 의미로 주가는 하락하게 된다.

- 경상수지 흑자 – 주가 상승
- 경상수지 적자 – 주가 하락

CHAPTER 2

시장을 읽는 법

📊 시장을 판단하는 기준들

투자자는 돈의 흐름을 예의주시하는 습관을 들여야 한다. 돈이 가
는 곳에 투자의 기회가 있기 때문이다. 이는 거대 글로벌 자금의 흐
름부터 시장을 주도하는 주도주의 흐름, 한 종목 내에서의 돈의 흐
름 등으로 나눌 수 있다. 이 모두 돈이 흘러들어가면 상승이 나오
고, 돈이 빠져나오면 하락이 나온다. 돈의 흐름을 읽는 투자자는 돈
의 흐름을 추종하면서 계속해서 수익을 누적시킬 수 있다.

[표] 돈의 흐름을 읽는 순서

세계경제 흐름	→	대세판단 (상승,하락장)	→	주도주 (업황)	→	매수,매도 (타이밍)

[차트] 기아차 200일선의 추세

200일선 우상향

200일선은 조셉그린빌의 법칙으로 10개월 이동평균선의 장기선으로 엘리어트파동과 더불어 기술적 분석의 핵심 지표이다. 주가의 추세를 분석할 때 기준으로 사용하는 중요한 이동평균선이다. 200일선이 우상향일 때는 주식을 보유하고 반대일 경우에는 관망해야 한다. 이동평균선들이 역배열을 이루면서 주가가 200일선 아래에 있는 종목들은 분석종목에서 제외하며 200일선 위에 있는 종목군으로 압축해서 신가치투자에 부합하는 종목들로 선택해야 한다.

머니게임시대, 주식이 답이다

거래대금과 거래량

① 거래대금

거래대금을 파악하면 매매할 종목을 선정하는 데 유용하다. 거래대금이 3조원 이하로 저조할 경우에는 거래량 및 거래대금 감소로 그동안 소외되었던 저가주, 관리주, 부실주가 움직이는 경향이 있고 매수주체는 주로 개인투자자들이다. 거래대금이 4~7조일 경우에는 개별주 및 중소형주들이 움직이며, 매수주체가 혼재되어 있다. 8조원 이상일 때는 거래가 활발하고 거래대금이 증가하므로 매수주체가 기관과 외국인이며 대형주 및 우량주가 움직인다. 거래대금만 체크해도 소형주, 중형주, 대형주 중 어느 종목을 매매할지 선별할 수 있다.

- 3조원 이하 : 저가주, 부실주, 관리주, 우선주
- 4~7조원 : 중소형주, 개별주
- 8조원 이상 : 대형주, 우량주

② 거래량

거래량은 한마디로 표현하면 힘(에너지)이다. 매수세와 매도세가 힘을 겨루며 체결된 주식의 총수를 나타내며 주가가 상승하면 거래량이 늘어나면서 양봉캔들이 많이 출현하고, 주가가 하락하면 거래량이 줄어들며 음봉캔들이 많이 출현한다. 단, 급등하는 종목은 거래량이 폭발적으로 늘어나면서 주가가 상승하고, 급락하는 종목 또한 거래량이 늘어나면서 주가가 하락하기도 한다. 거래량은 세력의 매집의 힘을 알 수 있으며 1차 상승 후 캔들길이가 짧아지고 200일 선에서 협띠를 형성하며 거래가 줄어들 때 매수한다.

[표] 코스피 거래량과 거래대금

거래량(천)	거래대금(백 만)
504,390	4,458,784
511,821	4,401,821
384,440	3,667,155
488,067	5,556,532
348,722	4,133,684
342,077	3,916,057
262,154	2,924,232
317,733	4,371,488
285,103	3,709,595

[차트] 코스피 일봉

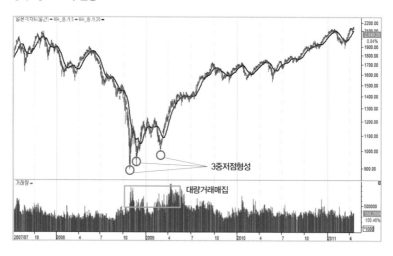

2008년 리먼브러더스 사태로 인하여 주가가 급락이 나온 후 3중 저점에서 대량거래가 발생하면서 매집이 이루어졌고 이후 큰 상승을 했다. 악재가 나온 후 부정적인 뉴스가 계속 나와도 대량거래가 실리면 바닥을 알리는 사인으로 주가는 상승한다.

③ 매매주체별 거래동향

매매주체별 동향을 파악하면 종목이 보인다. 개인과 기관, 외국인이라는 세 주체의 매수 여부에 따라서 종목을 선정할 수 있다. 주로 개인투자자들은 급등 가능성이 있는 중소형주 위주로 매매하고, 외국인과 기관은 거래대금과 주식수가 많은 대형주 위주로 매매한다.

개인투자자들은 자금이 적은 관계로 우량주보다는 규모가 작은 중소형주 및 개별주위주로 매매를 하는 것을 선호한다.

[표] 투자자별 매매종합

시장구분		개인	외국인	기관계
거래소	매도	9,605	4,403	2,523
	매수	8,575	4,115	3,845
	순매수	−1,028	−287	1,321
코스닥	매도	14,930	1,657	479
	매수	14,938	1,764	436
	순매수	7	106	−42

📺 수급주체란?

증시에서 대표적인 수급주체는 개인과 기관, 외국인 투자자를 꼽을 수 있다. 일반적으로 대형주, 우량주일수록 기관과 외국인이 선호하고, 소형주, 테마주, 개별주일수록 개인투자자들이 주로 선호한다. 증시를 움직이는 큰 힘을 가진 수급주체는 외국인과 기관투자자이다. 외국인과 기관투자자는 강력한 자금력을 바탕으로 증시를 움직일 수 있는 힘을 가지고 있으므로 시장의 변화를 알기 위해서는 각 매수주체의 수급을 잘 살펴보아야 한다.

수급을 눈여겨 본다

HTS상의 투자주체별 매매동향 화면을 통해 외국인, 기관, 개인투자자의 매매동향을 알 수 있다. 특히 외국인과 기관의 자금이 지속적으로 유입되는 업종과 종목은 성장성, 수익성, 안정성 등 펀더멘탈을 갖춘 우량주 및 대형주이고 중기적인 관점으로 매집하는 만큼 향후 상승 가능성이 높으므로 계속 주시해야 한다.

머니게임시대, 주식이 답이다

[차트] 삼성전자 일봉

주도세력 : 외국인인 경우

대세상승중인 삼성전자 일봉차트를 보면 외국인의 수급을 나타내는 실선이 보인다. 외국인의 수급을 보면 삼성전자의 상승과 맥을 같이 한다는 사실을 한눈에 알 수 있다.

외국인의 매수량이 늘면서 주가도 지속적으로 상승하고 있다. 따라서 삼성전자의 수급 주체는 바로 외국인이라는 사실을 알 수 있다. 삼성전자는 실적호전을 모멘텀으로 외국인이 매수하면서 결국 주도주로 부상했다.

[차트] SK하이닉스 일봉

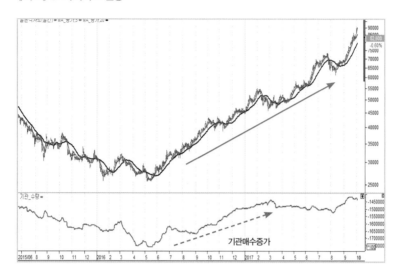

📊 주도세력 : 기관인 경우

4차산업의 수혜주로 반도체산업인 SK하이닉스를 지속적으로 기관
이 사들였고 삼성전자와 더불어 2016~2017년도를 주도했던 종목
으로 기관에 의해서 큰 상승이 이루어졌다.

[차트] 신라젠 일봉

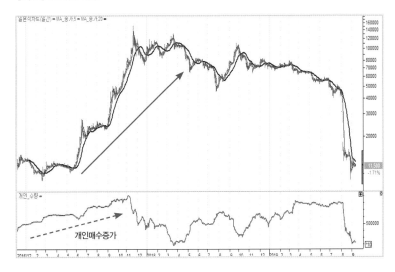

📊 주도세력 : 개인인 경우

바이오 대장주로써 셀트리온과 더불어 2017년도를 주도했던 신라젠의 일봉차트이다.

개인의 지속적인 매수에 의하여 주가상승이 이루어졌으며, 2019년도 중반 개인의 매도세와 함께 급락이 나온 것을 위의 차트를 보면 한눈에 알 수 있다.

CHAPTER 3

현 시장의 위치 파악

📊 조셉 그린빌의 법칙

조셉 그린빌의 법칙을 이용해 현 시장의 위치 및 종목 대응법을 알아보자. 앞서 강조한 200일선은 그린빌의 법칙이라고 할 수 있다. 비행기가 이착륙하듯이 주가도 200일선을 기준으로 이착륙을 하기 때문에 일명 활주로라 할 수 있다.

봄이 왔는데 꽃샘추위를 한다고 해서 도로 겨울로 돌아가지 않는다. 시장시계의 지표는 어떠한 사건 사고가 일어난다 하더라도 되돌리지 못한다. 악재를 만나 잠깐 숨을 고르거나 조정을 보이기도 하지만 결국 자신이 가야 할 길을 가고야 만다. 따라서 조셉 그린빌의 법칙은 바꿀 수도 없고, 외부 영향에 의해 바뀌지도 않는 자연의 법칙이다.

🖥 엘리어트 파동

엘리어트 파동은 현 시장의 위치를 파악할 수 있는 지도와 같은 역할을 한다. 엘리어트는 "주가는 상승 5파와 하락 3파에 의해 끝없이 순환한다"고 주장했다. 실제로 엘리어트는 자신의 이론으로 1937~1938년 사이의 월스트리트 폭락을 정확히 예측했다. 게다가 그의 이론을 연구한 해밀튼 볼튼은 1966년 다우지수가 525선까지 하락할 것이라고 예측해 그대로 맞추었다.

이처럼 역사적으로 검증이 됐으니 엘리어트 파동은 실전매매에서 신뢰하고 이용할 수 있는 지표 중 하나이다.

2003~2008년도까지 중국 성장의 수혜주로 물동량을 실어나르는 조선주, 중공업, 태양광 관련주들이 시장을 주도하면서 코스피

[차트] 코스피 월봉차트

월봉차트에서 엘리어트 파동모형도가 형성되었다. 파동모형은 현 시장의 위치를 파악할 수 있다.

📊 호재, 악재 중 어느 쪽이 잘 반영되는지를 관찰하라

악재가 지속적으로 나오는데도 불구하고 주가가 하락하지 않는다면 조만간 저점구간인 바닥이 찾아온다. 반면 호재가 계속 나오는데도 불구하고 주가가 상승하지 않는다면 조만간 고점을 찍고 하락한다. 그러므로 주가가 호,악재 중 어디가 잘 반영이 되는지를 체크하면 고점과 저점을 예측할 수 있다. 매스컴과 신문에서 연일 호재성 뉴스가 나오는데도 불구하고 주가가 많이 상승한 상태에서

[차트] 코스닥 일봉

악재뉴스가 계속 나오는데도 불구하고
주가가 더 이상 빠지지 않는다.
그러므로 바닥을 알리는 사인이다.

더 이상 오르지 않으면 매도시점으로 활용하고 반대로 주가가 하락한 상태에서 안 좋은 뉴스가 계속 나오는데도 불구하고 주가가 하락하지 않으면 그때가 바로 절호의 매수 시점이다.

미중 패권전쟁과 북핵사건을 비롯한 경기둔화에 대한 우려로 가격조정이 이루어지고 계속되는 악재뉴스에도 불구하고 주가가 빠지지 않는 것은 재료가 이미 주가에 반영되었기 때문에 이런 시기는 절호의 매수기회이다.

🖥 해외시장의 정배열, 역배열 여부

우리나라 시장은 이미 선진국 시장에 진입되었고 글로벌 시장의 흐름과 연동되어 있어서 특히 외국인의 수급에 따라서 주가의 변동성이 심화된다. 최근 미국시장의 강세로 다우지수는 정배열상태를 지속하고 있다.

최근에는 우리나라 투자자들도 미국과 중국, 홍콩, 신흥국 증시에 투자하는 사례가 늘고 있다. 굳이 해당 국가에 가지 않더라도 증권사를 통해 시세와 차트를 볼 수 있고, 국내 주식과 똑같은 방식으로 주식을 사고팔 수 있다. 해외투자자들 역시 한국 증시에 투자하고 있다. 이처럼 자본의 이동이 용이해진 글로벌 투자시대에는 서로 영향을 주고받는다.

따라서 국내 증시만 볼 것이 아니라 전세계 시장의 흐름을 살펴

[차트] 다우지수 일봉

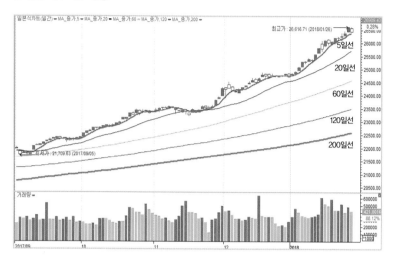

며 상승흐름을 지속하는지 하락흐름을 지속하는지를 체크하고 주
도주의 흐름이 정배열 상태에 있는 나라들도 체크해야 한다.

전세계의 주식시장을 리딩하고 있으며 정배열 과정을 잘 보여주
고 있는 미국의 다우차트이다.

📈 신고가 나는 업종에 돈이 있다

신고가란 전 고점을 뚫고 과거에 없었던 최고가를 기록한 것을 말
한다. 시세의 긴 흐름에서 볼 때 신고가의 출현은 본격적인 상승 신
호인 경우가 많으므로 신고가 종목은 예의 주시할 필요가 있다. 신
고가가 나는 종목은 주도하는 세력에 의해 매집이 잘되어 있고, 세

력이 호재를 바탕으로 의지를 가지고 주가를 올리고 있는 상태이다. 따라서 그 시세가 쉽게 꺾이지 않는다.

뿐만 아니라 주가의 신기원이라 할 수 있기 때문에 매물벽이 존재하지 않는다. 오랫동안 주식을 보유하고 있는 투자자들은 원금회복이 목표인 경우가 많다. 주가가 자신이 매수했던 가격에 도달하면 일단 매도하는 경향이 많다. 오랜 세월 견뎌온 마이너스 상황을 끝내고 싶어 하기 때문이다. 장기보유자들의 매도는 강력한 저항선으로 작용하여 주가 상승에 걸림돌로 작용한다. 하지만 신고가 종목은 강력한 매수세와 약한 매도세를 등에 업고 높이 비행하기가 수월하다.

📊 코스피 PER & PBR 기준

IMF 이후, 소비진작을 위해 정부에서 신용카드 발급 문턱을 낮게 설정하였고, 이로 인해 무분별한 카드발급의 결과 카드연체비율 및 금액이 치솟았다.

이 때문에 2003년도 당시 상당수의 카드사들이 적자에 시달려야만 했고, 특히 당시 시장점유율 1위 카드사였던 LG카드는 연체대금이 과도해 대기업조차 감당하지 못할 만큼 부도위기를 맞았었다. PER가 7.17까지 하락하는 저PER구간이었던 2003년도는 좋은 주식을 주워담을 수 있는 천재일우의 기회였다.

년/월	코스피 PER
2003/09	8.45
2003/08	9.71
2003/07	9.12
2003/06	8.03
2003/05	7.58
2003/04	7.17

출처 :한국거래소

2005년 초 북한 외무성이 핵보유를 선언하면서 악재가 노출되어 주가가 급락하는 사태가 발생했다. 코스피 PER이 저평가국면인 7배에 도달하여 절호의 매수기회를 주었다. 주식시장에서의 급락은 주식을 싸게 살 수 있는 절호의 매수기회이며 자주 오지 않는 바겐세일 기간이므로 앞으로도 이런 사건이 발생하면 공포에 떨지

[표] 북한 핵보유 선언 이후 코스피 PER

년/월	코스피 PER
2005/10	9.24
2005/09	9.76
2005/08	8.68
2005/07	8.89
2005/06	8.15
2005/05	7.84
2005/04	7.37

출처 :한국거래소

말고 적극적으로 매수에 가담해야 한다.

글로벌 금융위기는 2008년 9월 미국 투자은행 리먼브라더스의 파산으로 시작되었으며 이는 미국 역사상 최대 규모의 기업 파산이었다.

리먼브라더스 파산은 서브프라임모기지의 후유증으로 우려만 무성했던 미국발 금융위기가 현실화된 상징적인 사건이었다. 리먼사태는 악성 부실 자산과 부동산 가격 하락으로 가치가 떨어지고 있는 금융상품을 과도하게 차입해 발생했다. 리먼사태는 우리나라를 비롯한 전세계로 위기가 확산되면서 코스피 PER이 8배에 도달하여 역시 절호의 매수기회를 주었고 악성매물들이 소화됨으로서 이후 10년이 넘는 기간 동안 지속적인 상승이 이루어지고 있다.

미중 패권전쟁과 브렉시트(영국 EU탈퇴), 북핵사건, 경기후퇴 등 많은 악재로 인하여 주가가 가격조정이 이루어져서 PBR이 1배 미만인 자산가치 이하에서 거래되는 초유의 사태가 벌어지고 있다.

[표] 리먼사태 이후 코스피 PER

년/월	코스피 PER
2009/03	9.01
2009/02	8.47
2009/01	9.26
2008/12	8.99
2008/12	8.57
2008/10	8.84

출처 : 한국거래소

년/월	코스피 PBR
2019/08	0.83
2019/07	0.85
2019/06	0.90
2019/05	0.87
2019/04	0.95
2019/03	0.92

출처 :한국거래소

주식시장의 최고의 호재는 주가가 싸다는 것이다. 주식의 바겐헌터를 강조한 존 템플턴의 역발상투자가 가능한 지점이다.

🖥 주도주

① 주도주란 무엇인가?

주도주란 시장을 이끌어가는 업종이나 종목을 말한다. 길게는 수년 동안 큰 시세를 분출하고, 짧게는 수개월 동안 강한 상승을 이뤄낸다.

주도주는 경기 사이클과 연동되는 특징이 있다. 경기가 살아나면서 주도주가 부각이 되고 경기 사이클이 끝날 때까지 주도주의 상승이 이어진다. 주도주의 특징은 상승할 때는 많이 상승하고 조정할 때는 짧은 조정을 하며 시세를 이어가는 특징이 있다.

주도주의 매수주체는 대형주의 경우 외국인이나 기관이므로 외국인, 기관의 매집이 이루어지는 종목을 체크해야 한다. 또한 주도주는 코스피지수보다 먼저 신고가를 갱신하므로 시장에서 어떤 업종군 및 종목이 신고가를 내는지를 관찰하는 것이 주도주를 찾는 방법이다.

② 정책과 깊은 연관성을 맺고 있다

주도주는 정부의 정책과도 깊은 연관이 있다. 현 정부가 중점적으로 시행하는 정책은 수년에 걸쳐 지속적인 투자가 이루어지므로 주도주로 부각될 가능성이 크다. 따라서 현 정부의 특징과 주요 정책을 파악해야 하고, 정책과 관련해 새로운 입법이 어떻게 일어나는지도 수시로 모니터링해야 한다.

현재의 주도주는 미국의 정책 사이클과도 관계가 있다. 미국의 정책은 전세계에 막대한 영향을 미치기 때문에 국내증시도 패권국인 미국의 정책 변화에 따라 주도업종이 재편되는 경향이 강하다.

③ 주도주는 종합주가지수와 동행하기도 하고 무관하기도 하다

주도주는 강하고 오랜 기간 상승하는 특징이 있다. 상승은 길고 조정은 짧아 투자자에게 큰 수익을 안겨준다. 투자자와 애널리스트, 증권전문가들이 주도주를 찾기 위해 노력하는 이유가 바로 여기에 있다. 한번 올라타면 종목을 옮겨다닐 필요 없이 꾸준히 보유만 해도 큰 수익으로 연결되기 때문이다. 어떤 업종이 차기 주도주가 될 것인가는 언제나 증권가의 화두이다.

주도주는 상승장과 하락장에 상관없이 시장의 흐름에 따라 출현하고 시장을 이끌어가므로 지수 관련 대형주가 주도주이면 지수가 오르고 주도주가 중,소형주일 경우에는 지수에 미치는 영향이 미비하다. 그러므로 종합주가지수의 오르내림에 동행하기도 하고 무관하기도 하다.

④ 주도주 공략법

주도주는 항상 관심종목으로 편입해 시장흐름을 체크하는 용도로 활용해야 한다. 그리고 편입시키고 싶다면 전고점 돌파 후 눌릴 때가 매수 기회이다. 주도주라고 해서 조정 없이 매일 상승하지는 않는다. 급격한 상승 후에는 반드시 조정구간을 거친다. 최적의 매수 시점은 음봉 3~4개로 하락하면서 거래량이 감소할 때이다. 이때를 이용해 주도주를 매수해야 한다.

주도주가 장대양봉으로 급등하면 가급적 추격매수는 자제해야 한다. 전고점을 돌파한 후 20일선까지 조정이 들어오면 이때의 눌림목을 이용해 안전하게 매수하는 것이 좋다. 주도주는 시장을 리딩해 가므로 조정 시 매수해야 시장에서 소외되지 않는다.

🖥 테마주

테마주의 속성은 거래량과 거래대금이 부족하여 대형주가 주로 시세를 내지 못할 때 주식시장에 투자자들이 떠나지 않게 잡아두려고 하며 대형주의 시간갭을 메꾸어주는 역할을 한다. 화려한 테마주가 형성되면 단기간에 급등하는 종목들이 대거 쏟아지므로 개인투자자들이 수익내기 좋은 장이 형성된다. 테마주들은 무더기로 몰려다니기 때문에 시세의 폭발력이 크다. 상승 탄력이 매우 강해 개인투자자들이 매우 선호한다.

그리고 재료와 실적이 뒷받침된 종목들은 수익을 내기 쉽지만, 기대감만으로 급등하는 테마주는 결국 급락하여 제자리로 돌아옴으로 급등되어 있는 종목들은 매매에 신중을 기해야 한다. 마지막에 테마주에 편승한 투자자들은 자칫 큰 손해를 볼 수 있다. 테마주는 주가 상승 탄력이 큰 만큼 추락 속도도 가파르다. 초기에 편승하여 매수에 가담해야 하며 일정하게 급등한 후에는 매수를 자제해야 한다.

① 대장주 위주로 매매

테마주는 보통 3~5개, 많게는 수십 개 종목으로 묶여 비슷한 방향성을 가지며 상승과 하락을 반복한다. 이 중 테마를 선도하는 종목을 대장주라 하며, 대장주의 방향에 따라 테마주 전체의 생명이 결정되는 경우가 많다. 대장주는 상승률도 가장 강하며 조정 시 하락률도 가장 적다. 뿐만 아니라 가장 마지막까지 버티는 속성이 있다. 따라서 테마주에 투자할 때는 대장주를 공략해야 높은 수익률을 보장받을 수 있다. 매수시점은 엘리어트파동 상승1파가 나오고 2파 조정에서 200일선 협띠를 형성하면서 거래가 줄어들 때다.

📊 정부정책을 연구하라

"주식은 대통령의 의지이다."

강의를 하면서 자주 강조하는 말이다. 분명 주식은 대통령의 정책을 연구하면 답이 보인다. 그래서 나는 해마다 정부의 연두정책 발표를 잊지 않고 챙겨본다. 뉴스는 물론 관련 시사주간지와 여러 신문을 정독하고 스크랩을 해놓으면 투자방향이 잡힌다. 철저히 정부정책을 연구하면 업종군의 압축이 가능해지며 이에 근거하여 종목 선별을 할 수 있다.

정부정책은 산업을 이끌어 가는 방향을 제시하며 그 산업을 부흥시키기 위해 자금을 투입하고 정책을 추진하며 그 산업을 발전시킨다. 각 정권별 정부정책을 살펴보며 다음과 같다.

김대중 정부시절에는 IT에, 노무현 정부시절에는 조선주와 중공업주에 집중 투자를 하였으며, 이명박 정부시절에는 4대강 정책을 추진하였다. 박근혜 정부시절에는 10대 미래기술을 추진하였다.

문재인 정부는 4차 산업혁명과 대북정책에 심혈을 기울이고 있다. 각 정권마다 추진하는 정책에 따라서 그 업종이 두드러진 발전을 함으로 투자의 관점에서도 놓쳐서는 안 될 핵심 포인트이다. 그러므로 정권이 들어서면 대통령의 연두기자회견이나 국민을 대상으로 정책을 발표할 때 유심히 체크하고 관심을 가져야 한다.

CHAPTER 4

악재에 매수하고
호재에 매도하라

주식에서 최대의 악재는 적정가치보다 주가가 비싸진 상태이며, 최고의 호재는 좋은 주식이 악재로 인하여 저평가 되어 주가가 싸진 상태이다.

너무나 당연해서 하찮게 들릴 수도 있는 말이다. 그런데 현실을 보면 이렇게 당연한 원리마저 지키지 못하는 투자자가 대부분이다. 주식이란 싸게 사고 비싸게 팔아서 수익을 거두는 것이 목적이다. 그런데 이처럼 간단하고 쉬운 투자에서 개인들은 왜 매번 손실을 보는가? 이유는 자명하다. 반대로 투자하기 때문이다. 즉 비싸게 사서 싸게 파는 투자를 반복하기 때문에 실패를 계속하는 것이다.

개인투자자들이 주식을 살 때는 모두 나름의 이유가 있다. 대부분 호재를 보고 산다. 예를 들어 신약개발, 인수합병, 정부정책 입안 등 셀 수 없을 정도로 많다. 그러나 이런 호재들은 실제 투자에서 돈이 되지 않는다. 왜냐하면 남들도 다 아는 정보이기 때문이며, 투자자가 호재를 보고 매수를 할 때는 이미 한참 상승해 있는 경우가 대부분이기 때문이다. 투자자는 호재에 매료되어 이미 상승해 있는 주식임에도 환상을 갖고 매수한다.

하지만 이미 상승해 있는 주식은 주가가 비싸져 있으므로 그 자체로 악재가 가득한 상황이라 말할 수 있다.

따라서 좋은 종목을 골랐다 하더라도 가격이 싼 구간에서 매수를 해야만 수익을 낼 수 있다. 신가치투자가 투자자에게 효과적인 이유가 바로 여기에 있다. 비싼 구간이 아닌 싼 구간에서 매집이 완료된 종목을 매수하기 때문이다.

이처럼 가격이 쌀 때 사두면 어떤 상황이 발생해도 심리적으로 흔들리지 않고 큰 수익을 낼 수 있다. 각 종목마다 호재가 있기 마련이지만, 그건 사실 최고의 호재가 아니다. 가격이 싼 게 가장 큰 호재이다. 반대로 폭등을 시키고 나면 온갖 호재성 기사가 쏟아진다. 이때 개인들이 겁도 없이 마구 매수한다. 하지만 이때는 그 어떤 호재성 기사도 쓸모가 없다. 가격이 비싸기 때문에 악재만 가득할 뿐이다. 싼 구간에서 매수했다면 이런 상황에서는 더 이상 욕심을 내지 말고 매도 후 빠져나와야 한다.

주식이 싸다는 관점은 PER 10이하, PBR 1배 이하 정도는 되어야 한다. 신가치투자에서 제시하는 200일선까지 떨어져야 매수 구간에 들어온다고 말할 수 있다.

투자자들과 만나 대화를 나누면서 "그 종목을 왜 샀느냐"고 묻는 경우가 있다. 그러면 "주가가 많이 떨어졌기 때문"이라고 대답한다. 그래서 가격을 보면 고점 대비 조금 하락하기는 했지만, 과거 저가에 비하면 두 배, 세 배 상승해 있는 경우가 많다. 그런데도 투자자는 싸다고 생각한다. 단기적인 차트에 매몰되어 있기 때문이며, 투자자를 유혹하는 호재에 눈과 귀가 멀어 있기 때문이다.

급등하는 주식을 보면 '그때 살 걸' 하며 후회할 때가 많다. 그럼에도 불구하고 급등단계가 아닌, 급등하기 전에 사놓고 기다려야 한다. 그것만이 안전마진을 확보하면서 안정적으로 수익을 내는 유일한 길이다.

주식을 하다보면 '역발상'이라는 단어를 자주 접하게 된다. 머리로는 이해되는 말이지만, 실제 투자에서는 실행하기가 매우 어렵다. 사람에게는 군중심리가 크게 작용한다. 동물들은 무리를 지어 몰려다닌다. 무리에서 탈락하는 순간 맹수의 먹잇감이 되고 만다. 그래서 무리에서 뒤처지지 않기 위해 필사적인 노력을 다한다. 사람도 마찬가지다. 함께 여럿이 갈 때 심리적인 안정감을 갖는다. 대다수의 행동과 반대의 패턴으로 가다보면 불안감이 엄습하고, 나만 도태되는 것 아닌가 하는 의심이 들기 일쑤다.

하지만 부자들은 홀로 걷기를 두려워하지 않는다. 군중과 다른 방향으로 나아가는 것이다. 즉 이 말은 투자에서 호재와 악재를 구별하는 힘이 탁월하다는 의미인데, 가격이 비싼 구간에서는 군중들이 몰려든다. 가격이 더 오르면 매수세가 폭발하면서 수많은 개인들이 불속에 뛰어든다. 하지만 가격이 싼 구간에서는 아무도 주식을 찾지 않는다. 그 많던 사람들은 모두 사라지고 없다. 그러나 부자들은 이처럼 한산한 구간에서 여유롭게, 그리고 싼 값에 주식을 매입한다. 이때는 매우 과감하다. 군중과는 완전히 반대로 행동하는 것이다. 그리고 가격이 올라 군중들이 몰려들 때 더 이상 욕심 내지 않고 주식을 처분한다.

주식투자를 하면서 방향에 대한 감각을 익히면 그때부터는 놀라운 변화가 생긴다. 손실만 보던 투자자가 드디어 수익을 내기 시작한다. 아무도 찾지 않는 주식을 매입하는 외로움과의 싸움, 그리고 투자자들이 투매를 하는 상황에서 공포심과의 싸움을 할 수 있는 힘이 생긴다. 그러다가 호재를 보고 투자자들이 몰려들 때 큰 수익을 내고 시장에서 빠져나오는 것이다. 이는 대다수 대중과는 정반대의 투자이다.

주식투자를 하면서 앞이 보이지 않는다면, 잠시 멈춰서 스스로를 돌아보는 시간을 가지는 것도 좋다. 무엇이 자신을 연속적인 실패로 이끄는지 냉정하게 돌아봐야 한다. 답을 찾기가 쉽지 않다면 이 책에서 말하는 신가치투자를 대입해 모의투자를 해보라. 수익을 내다보면 자신감을 다시 얻을 수 있으며, 조심스럽게 실제투자에 나선다면 잃지 않는 투자자가 되고, 수익을 내는 투자자로 성장할 수 있다.

PART 3

해외 투자,
지금이 최적기

도시화율은 전체 인구 중에서 도시에 거주하는 인구가 차지하는 비율로
도시화율이 높아지면 성장은 둔화되고 도시화가 진행이 낮은 곳에서는
새로운 급성장이 이루어진다. 해당국으로는 베트남, 인도, 중국, 미얀마
등이다.

CHAPTER 1

글로벌 시대,
돈의 흐름을 따라가라

3부에서는 글로벌 시대, 돈의 흐름에 따른 투자 추천 국가들을 소개한다. 이들 국가들에는 공통점이 있는데, 인구 1억 명 이상의 인구대국들이며, 그에 따라 생산가능인구가 많다. 거대한 내수시장을 보유하고 있다는 공통점도 가지고 있다. 젊은 국가들이고, GDP성장률이 매우 높다는 공통점이 있다. 또한 개방적인 나라들로 향후 경제성장이 유망하다. 그래서 꼽은 국가로는 인도, 인도네시아, 베트남 등이며 중국은 조금 다른 시각에서 다뤄보고자 한다.

중국과 인도는 과거 세계 경제의 중심지였다. 세계 4대 문명 중 황하문명과 인더스문명이 이 두 나라에서 태동했으며, 오랫동안 제국의 위엄을 보여왔고, 세계의 경제와 문화의 황금기를 이끌었던 곳이다. 서양이 동양을 제치고 세계의 강자로 자리잡은 계기는 바로 그들이 중국과 인도를 침략하면서 부터였다. 이곳에서 대량의 물자와 문화를 수입하면서 서양문화가 꽃피기 시작하였다. 동양에서 서양으로 이동했던 부의 흐름이 이제 다시 동양으로 넘어오고 있다. 중국과 인도를 바탕으로 그 사이에 위치한 베트남을 비롯한 동남아시아가 그 수혜를 받을 것이다. 경제가 이제 막 엔진 가동을 시작하였기에 투자자에게는 무한한 기회의 땅이자, 가능성의 보고라고 할 수 있다.

　과거, 선진국과 한국의 주식 역사를 되돌아보면서 10~40년 동안 적게는 100배에서 많게는 1000배 이상 오른 업종군에 주목해야 한다. 그 업종군은 전기전자, 건설, 은행, 증권, 보험, 제약, 통신, 식품 등이다. 주식의 역사는 반복된다. 지금 선진국의 저출산, 고령화, 저금리, 저성장, 도시화완성의 문제를 성장이 진행되고 있는 신

[그림] 한국의 출산율 (1% 미만, 저출산)

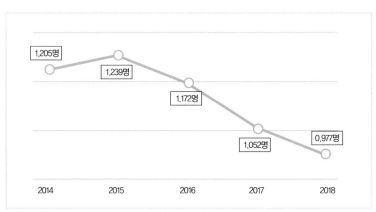

1,205명　1,239명　1,172명　1,052명　0.977명

2014　2015　2016　2017　2018

출처 : 통계청 (2018년 기준)

흥국의 주식시장에서 답을 찾아야 한다. 30년 전 사두었더라면 큰 수익이 난 우리나라 주식시장의 역사를 되돌아보며 지금 신흥국에 투자를 하면 30년 전에 한국에 투자한 효과를 거둘 수 있다.

우리나라의 출산율은 지속적으로 하락하고 있다. 2018년을 기점으로 합계출산율 1명이 무너지면서 0.9명대로 주저앉고 말았다. 국가의 미래를 생각해 보건데, 매우 심각한 현상이다. 문제는 향후 출산율이 더욱 하락할 예정이라는 데 있다. 혼인하지 않는 사회적 분위기에다, 결혼한 후에도 자녀를 낳지 않거나 잘해야 1,2명 낳는 분위기가 자리를 잡아가고 있다. 일본의 속도를 능가하는 출산율의 급감은 우리나라 경제에 심각한 위기를 불러올 것이다.

이러한 출산율 감소는 비단 우리나라만의 문제는 아니다. 경제가 발전하고 사회가 고도화될수록 출산기피현상은 강화된다. 유럽

[그림] 한국의 고령인구비율

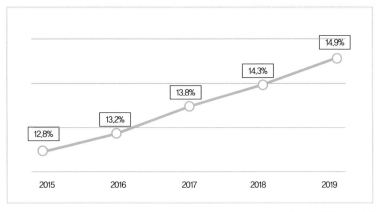

출처 : 통계청 (2019년 기준)

머니게임시대, 주식이 답이다

선진국들을 비롯, 일본 등은 모두 출산율 1명대 초반을 기록하고 있다. 인구감소를 상쇄하기 위해 해외에서 노동인력을 수입하는 실정이다.

한 국가의 출산율이 지속적으로 감소하면 시간이 지나 그 국가는 결국 고령화사회로 진입한다. 2차세계대전 이후 유럽과 일본 등에서는 베이비부머 현상이 발생하였고 인구가 폭발적으로 증가하였다. 하지만 이들이 노인인구에 편입되고, 신생아 출산율이 떨어지면서 항아리형의 인구구조가 만들어졌다. 젊은이는 적고, 노인은 많은 사회로 자연스레 변모한 것이다.

65세 이상의 고령층이 전체인구 7% 이상이면 고령화사회, 14% 이상이면 고령사회, 20% 이상이면 초고령사회로 분류한다.

일본 26.2%, 유럽 20.2%, 미국 16.1%, 한국 14.9%이다. 한국은 아직은 일본, 유럽과 비교해 상대적으로 고령인구 비율이 낮지만, 저출산이 지속된다면 향후에는 세계에서 손꼽히는 고령화사회로 진입이 예상된다. 선진국들은 이미 고령사회에 진입이 되어서 생산성가능인구의 감소로 성장은 둔화되고 저출산, 저소비, 저수익, 저금리로 이어졌다.

한국경제는 큰 성장을 이뤄낸 청년기를 지나 장년기에 접어들었다. 경제가 더 이상 비약적으로 팽창하지 않는 대신, 안정적인 경제구조로 바뀌고 있다. 그 결과 고도성장기에 누렸던 고금리 상품은 이미 자취를 감춘 지 오래다. 한국사회에 10년 안에 10억 벌기가

유행했던 시절만 해도 내 돈을 은행에 넣어두기만 해도 한해 10%
의 이자가 붙었다. 10억 만들기에 한번 성공하고 나면 평생 돈 걱
정 없이 살 수 있는 시절이었다. 현금 10억이 있다면, 일하지 않아

[그림] 한국시장 금리추이

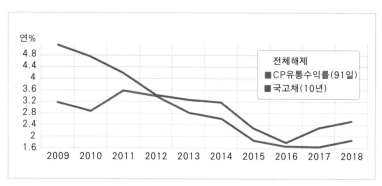

출처 : 한국은행

[그림] 기준금리 변동추이(그림확인다시요??????)

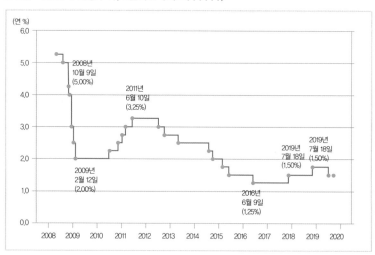

출처 : 한국은행

머니게임시대, 주식이 답이다

[그림]GDP성장률 추이

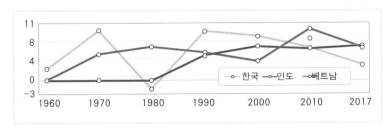

[표]한국, 인도, 베트남 GDP성장률

국가별	1960	1970	1980	1990	2000	2010	2017
한국	2.3	10.0	-1.7	9.8	8.9	6.5	3.1
인도	-	5.2	6.7	5.5	3.8	10.3	6.6
베트남	-	-	-	5.1	6.8	6.4	6.8

출처 : 통계청

도 해마다 1억에 가까운 이자를 받을 수 있으니 돈문제가 모두 해결되었던 것이다.

하지만 금리는 지속적으로 하락하여 5%대가 무너지고 2%대마저 무너지고 말았다. 10억을 은행에 넣어둬봐야 1년에 2천만 원도 안 되는 이자밖에 붙지 않는다. 은행이자뿐 아니라 채권의 이자도 낮아져 마음 편히 예금을 할 수 있는 곳이 없다시피 한다.

위의 GDP성장률을 보더라도 한국은 이미 선진국형으로 바뀌었다. 한국이 선진국 대열에 합류했다는 사실은 반가운 소식이지만, 한국경제가 더 이상 고도성장을 지속하기는 어려워졌다는 현실을 인식해야 한다. 반면 인도와 베트남 등 신흥국은 과거 우리가 걸었

국가별	2020	2010	2000	1990	1980	1970
아시아						
한국	81.4	81.9	79.6	73.8	56.7	40.7
중국	61.4	49.2	35.9	26.4	19.4	17.4
인도	34.9	30.9	27.7	25.5	23.1	19.8
인도네시아	56.6	49.9	42.0	30.6	22.1	17.1
베트남	37.3	30.4	24.4	20.3	19.2	18.3

출처 : 통계청

던 길을 그대로 뒤따라오고 있다. 인구가 팽창하고, 높은 금리를 지급하며, 거리는 젊은이들로 넘친다. 이를 바탕으로 매년 국가경제가 6~10% 가까운 성장률을 기록하고 있다. 저렴한 인건비를 바탕으로 제조업이 부흥하고 있기 때문이다. 향후에도 이들 국가들의 성장은 지속될 전망이다.

도시화율은 전체 인구 중에서 도시에 거주하는 인구가 차지하는 비율로 도시화율이 높아지면 성장은 둔화되고 도시화가 진행이 낮은 곳에서는 새로운 급성장이 이루어진다. 해당국으로는 베트남, 인도, 중국, 미얀마 등이다.

경제가 성장하면 농수산업 위주의 1차산업에서 제조업 위주의 2,3차 산업으로의 전환이 이뤄진다. 공장은 어디에 지어지는가? 도시 내에 혹은 도시 주변에 생성된다. 일자리를 찾아 농촌인구가 도시로 대거 이동이 일어나는 이유다. 발전 초기에는 농촌에서 이주해온 이주민들이 도시 빈민으로 자리잡으면서 슬럼가가 형성되는 등 문제도 발생하지만, 이들이 노동임금을 바탕으로 중산층으로 자리잡으면서 도시는 한층 발전하고, 도시를 중심으로 폭발적인 경제성장이 가능해진다.

중산층이 늘어나면 소비가 진작되고, 제조업에서 서비스업 등으로 경제발전의 방향이 달라진다. 이 즈음이면 인건비가 상승하면서 제조업은 인건비가 낮은 국가로 또다시 대이동을 하게 되며, 신흥국의 발전도 일단락되는 시점이 온다.

자본주의 역사는 자산버블의 역사이다. 돈의 가치는 떨어지고 자산가치는 올라가는 인플레이션의 과정이었다. 자본주의가 발전하기 위해서는 도시화가 진행되어 농촌인구가 도시로 집중되며 생산가능 인구가 증가되면서 성장이 이루어지고 국가, 기업, 개인들의 자금수요 증가로 고금리가 되는 현상이 발생된다.

현재 신흥국은 지금 막 성장이 이루어지고 있는 반면에 OECD 국가를 비롯한 선진국은 도시화가 완성되고 생산가능 인구의 감소로 GDP성장률 저하, 재정건정성의 악화로 부채비율이 증가하고 저출산, 저소비, 저수익으로 이어져 경기가 둔화되는 과정으로 진행이 되었다.

살펴본 바와 같이 돈의 흐름은 도시화율, 생산가능인구, GDP성장률, 재정건전성, 인구비율, 금리 등이 고려사항이다.

미국와 함께 G2로 불리며 미국을 추월하여 세계를 지배할 것으로 보였던 중국이 주춤하고 있다. 미국과 치루고 있는 무역과 금융전쟁에서 패색이 짙어지면서 양국의 사활을 건 패권전쟁은 미국의 승리로 끝날 가능성이 높아지고 있다.

잠자던 용의 승천을 묵과하던 미국이 왜 중국을 상대로 경제전쟁을 선포했는가? 그리고 패권전쟁을 시작한 원동력은 무엇인가?

중국에 대한 미국의 공격이 시작된 이유는 신흥국인 중국이 기존 지배세력인 미국을 위협하고 있기 때문이다. 중국은 제조강국 달성에 이어 나아가 금융강국, 군사강국을 계획하고 있다. 미국은 중국의 성장을 더 이상 지켜 볼 수 없는 위기감에서 무역전쟁을 시작했다. 2018년 기준 중국은 미국의 66% 수준의 경제력에 도달 되었고 구매력기준 GDP는 중국이 이미 미국을 넘어섰다. 중국의 인구는 세계 1위, GDP 세계2위, 국방력 세계 3위로 더 이상 묵과할 수 없을 만큼 성장했다.

중국 시진핑 주석은 위대한 중화민족의 부흥(중국몽, 일대일로, 대국굴기, 남중국해 구단선)을 주장하며 오랜 팽창주의적 중화질서 회복의 야심을 드러내며 대미 패권 도전을 선언했다. 중국제조 2025 전략을 추진하며 차세대 IT, 로봇, 항공우주, 첨단산업, 첨단철도, 신소재, 전기자동차, 바이오의약 및 고성능의료기기 등을 표방하며 기존 제조업에서 첨단산업으로 방향을 전환했다.

- 1단계 목표 : 제조업의 디지털화, 네트워크화, 스마트화를 추진하여 2025년엔 첨단 산업적 입지를 다진다.
- 2단계 목표 : 2035년까지 독일과 일본의 제조기술 수준에 다다른다.
- 3단계 목표 : 2045년까지 미국을 능가하는 첨단 제조능력을 갖추는 것이 목표이다.

다보스포럼에 참석한 수상 리커창은 선진국진입 선언, 뉴노멀, 20~30년 지속성장을 선언하며 인터넷과 모바일을 제조와 금융에 결합시켜 새로운 산업 비전을 제시했다.

광활한 영토와 인구를 바탕으로 태풍처럼 성장했던 중국경제의 원동력은 구소련을 견재하기 위해 미국이 추진한 경제정책 덕분이었다. 중국은 값싼 노동력을 바탕으로 한 제조업으로 지금의 성장에 이를 수 있었다. 그러나 중국은 경제성장을 발판으로 대미패권 도전을 천명하면서 확장정책을 시작했다. 경제에 이어 군사대국으로 발돋움하면서 미국의 패권에 도전장을 내민 것이다. 해양세력인 미국은 대륙세력인 중국의 해양진출에 위기감을 느끼게 되었고 이로 인해 무역전쟁이 시작되었다.

미국은 한국과 일본을 묶어 3국동맹을 형성하면서 동아시아에서 중국의 진출을 막고 있으며, 대만에는 각종 무기를 판매하면서 중국의 적을 돕는 형세를 이끌고 있고, 베트남과는 친교를 맺었으며, 남중국해에 대규모 항모전단을 파견하고 있다. 호르무즈 해협을 위협하는 이란의 뒤에는 러시아가 버티고 있기에 연합전선을 형성하여 맞설 계획에도 한창이다. 미국의 최근 행보는 대륙세력, 특히 중국의 확장을 방어하는 정책의 연속으로 볼 수 있다.

거기에 미국이 중국과의 전면전에 돌입할 수 있었던 원동력은 무엇인가? 여러 가지 이유가 있지만, 그 중 나는 셰일가스의 존재를 들고 싶다.

미국발 셰일혁명이 세상을 바꿔놓고 있다. 셰일가스를 채굴하는 새로운 기술이 개발되었다. 수압균열법으로 물, 화학제품, 모래 등을 혼합한 물질을 고압으로 분사해서 바위를 파쇄한 후 석유와 가스를 분리해 내는 공법이다. 셰일가스를 채굴하기 위해서는 지표면으로부터 3,000m 정도를 수직으로 파고 내려간 파이프를 셰일층에 꽂고 90도를 꺾어 수평으로 파고 들어간 후 가스와 석유를 채취한다.

셰일혁명을 다룬 저서 〈윈드폴〉에 따르면 셰일가스의 대량 생산으로 인해 미국은 2014년 가스와 석유 생산 세계1위 국가로 올라선다. 이전 1위였던 러시아와 사우디아라비아를 단숨에 뛰어넘었다. 2019년 미국은 막대한 양의 셰일가스를 수출하는 최대 산유국이 되었다.

60달러였던 셰일가스 생산단가를 40달러까지 낮추면서(사우디아라비아 30달러, 러시아 100달러, 베네수엘라 120달러) 국제경쟁력을 확보하였고, 중동 위주의 OPEC 국가들이 생산해내는 하루 3,000만 배

럴에 근접한 2,000만 배럴을 생산하기에 이르렀다.

미국은 지난 30년 동안 해마다 7,000억 달러의 무역수지 적자였다. 이 중 국방비에 3,000억 달러를 비롯해 석유를 수입하기 위해 3000~4000억 달러의 적자가 발생하였다. 셰일가스의 생산으로 적자폭이 대폭 개선됨은 물론 셰일가스 단일 품목으로 막대한 흑자를 발생시키고 있다.

지금까지 확인된 미국의 셰일가스 매장량은 약 2조 배럴로 향후 미국이 300년 동안 사용할 수 있는 양이다. 에너지 패권이 미국으로 넘어갔음을 의미하며, 중동에서 미국이 개입하는 더 이상의 석유전쟁은 없을 것이란 추측을 할 수 있다.

미국의 셰일가스 생산은 국제정세에 지대한 영향을 미치는 일대 사건이다. 1970년부터 미국은 호르무즈 해협에 항모 2척 등을 배치하면서 매년 국방비 3,000억 달러 이상을 지출해야만 했다. 최근 이를 철수하려고 고려하며 미국의 영향력이 약화되자, 이틈에 이란이 해당 지역에서 득세하는 원인으로 작용하였다. 그동안 미국이 중동지역을 정책의 1순위로 놓았던 이유는 석유 말고는 설명할 길이 없다. 그러나 미국에서 셰일가스가 발견되면서 중동은 1순위에서 2순위, 3순위로 밀리게 되었고, 1순위 자리를 동아시아가 차지하게 된다. 바로 북한과 중국 문제라 하겠다. 향후에는 중동이 세계의 화약고라는 불명예를 떼게 될 확률이 크고, 대신 아시아의 동쪽이 미국의 지대한 관심 속에서 국제세력 간 치열한 대결양상이 예상된다.

패권국가인 미국의 관심은 그 지역의 발전을 의미한다. 미국은 기술을 바탕으로 중국을 둘러싼 국가들을 지원하여 중국을 견제하고 그들과 우방을 맺음으로써 다양한 경제적인 이익도 챙기려 한다. 미국 입장에서는 중국도 견제하고 경제적인 이익도 챙기는 꿩 먹고 알먹고의 기막힌 전략인 셈이다. 따라서 미국을 이해하고, 미국의 정책을 연구하면 소중한 돈을 어느 곳에 투자해야 하는지가 보인다.

돈의 이동과 패권국가의 1순위 관심사, 그리고 지리적 위치를 종합적으로 살펴보건데, 향후 세계의 경제를 이끌어갈 지역은 앞서 소개한 인도, 베트남, 인도네시아 등이며, 중국도 빼놓을 수 없다.

CHAPTER 2

인도, 한국 투자자들을 기다린다

넥스트 차이나, 인도 투자를 준비하라

떠오르는 또 하나의 태양, 인도를 주목하라

먼저 인도를 살펴보자. 미국과 패권전쟁을 벌이고 있는 중국이 버거워하고 있는 사이 인도가 새로운 대안으로 급부상하고 있다. 여러 면에서 인도는 중국과 닮은 점이 많다.

인도는 1947년 영국으로부터 독립한 민주주의 연방공화국가이다. 인구는 무려 13억 명에 이르며, 남한 면적의 33배에 달하는 광활한 영토를 보유하고 있다. 이런 탓에 인도의 GDP는 이미 한국을 넘어섰다. 비록 1인당 GDP는 2천 달러에 미치지 못하여 빈국에 속하지만, 연평균 경제성장률이 7%로 세계 최고 수준을 보일 만큼 그 성장 속도는 놀라울 정도다.

면적	330만km²	한국의 33배
인구	13억 5천만명	한국의 26배, 세계 2위(2018년)
GDP	2.9조 달러	한국의 1.5배, 세계 5위
1인당 GDP	약 2,200 달러	한국의 1980년대 초반수준, 세계 142위
연평균 경제성장률	5~7%	세계 최고 수준

우리 앞에 놓인 기회의 땅, 아직 결코 늦지 않은 타이밍, 미리 들어가 선점하고 있으면 노후를 보장해 주는 곳. 인도는 더 이상 종교의 나라, 수행의 나라, 배고픔을 인생의 당연한 과정으로 생각하는 나라가 아니다.

인도 하면 생각나는 광경은 도심 한복판에 소들이 거리를 가로막고 평화로이 앉아서 쉬고 있는 모습이다. 그러나 더 이상 그런 모습은 남아 있지 않다. 세계 어느 도시와 비교해도 결코 손색없는 마천루가 장관을 이루는 곳이 인도의 대도시들이다.

인도는 중국에 이어 제조업을 담당하는 국가가 될 것이다. 아시아의 엔진, 아시아의 산업벨트를 넘어 세계경제를 뒷받침하는 세계의 엔진, 세계의 산업벨트로 거듭날 것이며, 세계경제가 숨 쉬게 하는 허파의 역할을 할 것이다. 또한 그들의 강점인 IT를 앞세워 눈부신 경제발전을 이뤄갈 것이다. 뿐만 아니라 높은 경제성장률을 지속하는 국가로 언론에 자주 회자될 것이다(인도는 2015년을 기점으로 중국의 연평균 경제성장률을 앞서고 있다). 지금까지 중국이 그래왔던 것처럼 말이다. 중국이 걸었던 길을 그대로 뒤따라가는 국가가 바로 인도이다. 중국에 이어 세계의 생산기지, 공장의 역할을 수행할 것이다.

미국과 유럽의 과거 역사를 그리고 일본, 한국, 중국이 경험했던 자본주의의 역사를 뒤따라온다고 생각하면 쉽다. 먼저 값싼 인건비를 바탕으로 공장을 건설하여 제조업을 발전시킬 것이며, 경제가 발전하여 중산층이 두텁게 자리잡으면 인건비가 올라가고, 또 다른 인건비가 싼 곳으로 제조업이 이동할 것이다. 다음 그곳은 아마도 아프리카가 아닐까 생각해 본다. 그 날이 오기까지 인도는 투자자에게 무한대의 투자기회를 제공할 것이 틀림없다.

인도의 최대 강점은 바로 IT서비스이다. 먼저 인도의 언어를 살펴보면 유럽과 어순이 유사하여 영어를 배우기 쉬운 구조이다. 우리가 일본어를 배우기 쉬운 것처럼 말이다. 그래서 인도에는 영어를 유창하게 구사하는 사람들이 많다. 미국이나 유럽 등 서양국가들이 IT서비스 회사를 인도에 두는 이유도 모두 말이 통하기 때문이다.

인도는 13억 명이라는 인구를 가진 인구대국이다. 중국이 1자녀 갖기 운동을 하면서 14억을 넘지 못하고 정체된 사이 인도는 7억이던 인구가 13억까지 증가하였다. 1980년대 초까지만 하더라도 인도 인구가 7억인 데 반해 중국은 10억이었다.

영어에 능숙하고, 젊은이들이 많은 국가가 바로 인도다. 따라서 인도의 미래는 매우 밝다고 할 수 있다. 투자자의 입장에서 인도는 새로운 기회의 장이 될 것이다. 연평균 5-7% 성장이라는 고도성장

을 바탕으로 중국이 그랬던 것처럼 잠자던 용이 깨어나는 형국이
될 것이다.

사실 중국과 인도는 오랜 기간 세계사의 중심에서 벗어나 있었
다. 그들에 대한 정보도 거의 나오지 않았다. 중국은 사회주의 노
선을 걸으면서 개방에 소극적인 자세를 취해왔고 이념에 매몰되어
있었다. 인도는 구소련이 붕괴되기 전까지 소련의 영향 하에 있으
면서 중국과 비슷한 노선을 견지해 왔는데, 소련식 보호무역과 국
영기업 중심의 정체된 경제체제를 유지해 왔다. 개방 이전까지 중
국과 인도는 1인당 GDP가 200달러 안팎을 기록할 정도로 세계 최
빈국의 위치였다.

그러다가 중국은 1978년 덩샤오핑(등소평)이 집권하면서 개방화
의 길을 걸었고, 인도는 구소련이 붕괴된 1991년 이후 문호를 개방
하여 시장경제를 받아들였다. 중국과 인도 간의 경제발전 차이는
바로 이 시간차에서 비롯되었다. 그래서 인도를 넥스트 차이나로
부르며, 중국을 이해하면 인도를 이해할 수 있다는 말이 나오는 것
이다. 투자의 관점에서도 중국을 공부하면 인도를 공부하는 효과를
얻을 수 있다.

경제가 발전하면서 도시화가 진행되고, 농촌의 인구가 도시로
진출하면서 값싼 노동력을 제공하여 이를 바탕으로 제조업이 발전
한다. 제조업이 발전하면서 먹고살 만해진 중산층이 점차 증가하여
소비가 팽창한다. 두터워진 중산층은 왕성한 소비식욕을 보이면서
서비스업과 고부가가치 산업을 발전시키는 토대로 작용한다. 이에

[표] 세계 주요 국가의 도시화율(2019년 기준)

구분	1970년	1990년	2010년	2020년
세계	36.6	43	51.6	56
대한민국	40.7	73.8	81.9	81.4
미국	73.6	75.3	82.1	84.4
일본	71.9	77.3	90.8	91.8
싱가포르	100	100	100	100
인도네시아	17.1	30.6	49.9	56.6
중국	17.4	26.4	49.2	61.4
인도	19.8	25.5	30.9	34.9
베트남	18.3	20.3	30.4	37.3
미얀마	22.8	25.2	228.9	31.1

출처 : 통계청

대한 반작용으로 인건비의 상승을 불러오고, 결국 제조업이 다른 나라로 기지를 옮기는 결과를 초래한다.

수출 중심에서 소비 중심으로, 제조업에서 서비스업으로의 이동이 이 과정에서 필연적으로 일어난다. 서방국가들이 그랬고, 일본이 그랬으며, 한국이 그랬다. 향후 중국이 같은 길을 걸을 것이며, 먼 미래에는 인도 역시 그 역사를 답습할 것이다.

우리는 이 시점에서 증시의 상승이 국가 발전의 어떤 단계에서 폭발적으로 나타나는지 주목할 필요가 있다. 가장 쉬운 바로미터는 1인당 GDP이다. 1인당 GDP가 1만 달러를 달성하면, 소위 의식주 문제는 해결이 되었다고 할 수 있다. 이때부터는 소비가 진작되며 이미 건설된 인프라를 바탕으로 사회 전부분이 눈부신 발전을 시작한다. 금융과 증권이 꽃을 피우는 시기이기도 하다. 이전에는 굶

주린 배를 채우는 데만 열중했던 사람들이 투자를 생각하고, 미래의 자신을 대비하고 준비한다. 단순했던 경제구조가 복잡해지면서 수혜를 받는 업종이 수없이 탄생한다.

인도가 매력적인 이유는 값싸고 젊은 노동력을 들 수 있다. 인도는 서방국가는 물론, 한국이나 중국, 브라질 등 앞서 경제성장을 이룩했던 나라들에 비해 젊은 인구층이 두텁다.

0~14세 사이의 인구비중은 29%로 젊은 나라인 브라질의 24%보다 높으며, 한국의 15%에 비하면 거의 2배에 가깝다. 이는 미래가 기대되는 원인 중 하나다. 향후 이들이 생산인구에 포함되면서 경제를 발전시키는 젊은 엔진 역할을 수행할 것이다. 인구구조로 보았을 때 인도는 현재도 밝고 미래도 밝다고 할 수 있다. 경제성장을 오랫동안 지속할 수 있는 젊은 나라가 바로 인도다.

반면 서양과 한국, 일본 등은 경제성장이 완성되어 가는 나라들이다. 서양은 1940년대까지 2차세계대전을 겪었으며, 일본도 마찬가지다. 한국은 1950년대 한국전쟁을 겪었다. 전쟁 후에는 '베이비부머'라는 사회현상이 발생한다. 전쟁 후에는 인구가 폭발적으로 증가하는 시기를 겪는다. 이들이 생산인구에 포함이 되면서 국가경제가 비약적으로 발전하는 양상을 보인다. 우리가 일본보다 조금 늦은 이유는 바로 2차세계대전과 한국전쟁의 시간적 차이에서 견인한다.

서양은 이미 베이비부머의 은퇴가 상당히 진행되고 있다. 한국은 2018년을 기점으로 한해 1백만 명에 가까운 베이비부머가 은퇴를 시작하고 있다. 경제발전의 중추적 역할을 했던 세대가 역사의 중심에서 변방으로 이동한다는 말이다. 이 현상은 국가경제발전에 치명적인 단점으로 작용하며, 인구구조는 경제에 가히 절대적인 영향을 미친다고 할 수 있다.

이처럼 인구가 젊다는 사실은 그 자체로 대단한 경쟁력을 갖는다. 인도는 25~54세 사이의 생산가능성인구가 무려 5억2천만 명에 달한다. 이후 생산인구로 포함될 층도 세계 최고 수준이다. 이들이 생산을 담당하고 중산층으로 자리잡는다면 인도의 내수시장은 가히 폭발적인 성장세를 기록할 것이다. 중국이 이제 막 내수시장 성장에 박차를 가하고 있는 것처럼 말이다.

인도의 도시화율은 40% 미만이다. 이는 무엇을 의미하는가. 향후 가능성에 초점을 맞출 수 있다. 지금은 비록 빈국에 속하지만, 머지않은 미래에 가난을 벗어던지는 날이 온다는 것이다. 주식은 꿈을 먹고 자란다. 현재 잘나가는 기업과 국가에 투자해서는 수익이 생각보다 보잘 것 없는 것이 현실이다. 반면 성장성에 가치를 두고 투자한다면 텐배거(10배 상승)의 꿈을 이룰 수 있다.

동서고금을 막론하고 선점의 효과는 누누이 강조되어 왔던 주지의 사실이다. 전쟁에서도 진을 치고 요지를 선점하고 있으면 몇 배의 대군이 몰려와도 능히 막을 수 있었다. 주식에서도 가격이 싼 구간에서 좋은 종목을 미리 사놓고 기다리면 선점의 효과를 누릴 수 있다. 외풍에 주가가 흔들려도 쌀 때 미리 사놓으면 견딜 수 있는 지렛대가 된다. 그리고 국가경제가 혹은 주식이 서서히 활주로를 이탈해 비행을 시작하면 고공비행을 경험할 수 있다. 주식으로 꿈을 이루는 방법은 이처럼 싸게 사서 수십 배, 수백 배, 수천 배의 폭등을 경험하면서다.

🏛 인도의 사회시스템 정비와 혁신

오랫동안 잠자던 인도가 1991년 구소련의 붕괴로 개방에 나선 이후, 본격적으로 사회시스템을 정비하기 시작한 때는 2014년 새롭고 강력한 지도자가 등장하면서부터다. 2014년 등장한 나렌드라 모디 총리는 모디노믹스로 불리는 제조업 육성 정책을 내걸고 IT를 중심으로 화학, 자동차, 전력 등의 분야에서 제조업 비중을 늘려갈 계획이다. 또한 해외자본을 유치하기 위해 그동안 인도의 고질적인 문제로 지적되어 왔던 각종 규제를 철폐하고 인프라 구축에 힘쓰고 있다. 또한 화폐와 세제를 개혁하여 경제발전을 위한 토대를 하나씩 마련해 가고 있다.

　인도에는 역사가 오래 된 4개의 계급제도, 즉 카스트제도가 있다. 계급에 따라 성이 다를 정도로 고착화된 계급제도는 인도의 발전을 저해하는 요소로 작용해 왔다. 1947년 영국으로부터 독립을 쟁취하면서 공식적으로 계급제도를 없앴으나 실생활에서는 아직도 그 영향력이 남아 있다. 인도는 하위 계층에 대해 고용 특혜를 주는 등 차별 혁파를 시도하고 있으며, 우리의 편견과는 달리 대도시 지역에서는 계급보다는 능력을 중시하는 인식이 이미 자리를 잡아가고 있다.

또한 인도는 4차산업혁명의 시대에 적합한 인재 육성에 심혈을 기울이고 있다. 이미 인도에는 우수한 IT인재가 넘쳐난다. 덕분에 미국과 유럽의 기업들이 IT 서비스를 인도에 의뢰하고 있다. 인도의 실리콘밸리로 불리는 벵갈루루에는 대규모의 IT단지가 형성되어 있으며, IT 인력만 1천만 명에 달한다. 이처럼 우수한 인재와 낮은 인건비는 인도의 IT산업 발전에 핵심적인 역할을 해왔다.

인도인은 십진법과 숫자 0의 원리를 찾아낸 베다 수학에 대한 자부심이 대단하다. 또한 19단까지 외우는 인도식 구구단 학습법 등을 바탕으로 숫자에 강한 민족적 특성을 보이고 있다. 거기에 영국의 지배를 받은 점, 인도-유럽 어족에 속해 영어를 배우기 쉬운 언어적 특성에 기인해 영어에 능통한 인재들이 많다. 이런 이유로 인도인 중에는 서방국가의 유수한 기업에서 CEO로 활동하는 경우가 많으며, 학계를 주름잡는 인재들도 상당수 포진해 있다.

국가는 아직 빈곤에서 벗어나지 못했으나 개인의 능력은 세계 어느 나라와 비교해도 결코 떨어지지 않는다. 한 예로 미국의 실리콘밸리의 신생기업 중 15%가 인도계이다. IT에서만큼은 가히 세계의 중추적인 역할을 인도인이 담당하고 있는 것이다.

🏛 인도에 어떻게 투자할 수 있는가?

인도의 증시는 경제의 중심지인 뭄바이에 위치한 BSE(Bombay Stock Exchange)와 NSE(National Stock Exchange)가 대표적이다. 지역별로 총 22개의 주식거래소가 있지만 앞의 2개 거래소를 통해 인도 대부분의 주요 종목을 거래할 수 있다. 그 중 BSE는 인도의 대표적인 인덱스인 Sensex 지수를 발표하며, 상장된 종목 수는 6천여 개에 달한다. NSE는 또 다른 인도의 대표 인덱스인 Nifty지수를 발표한다. 이 중 Sensex 지수는 1980년 이후 180배 이상 상승하였다.

인도에 투자하는 방법은 3가지다.

① 미국에 상장된 개별 주식을 사는 방법
② 한국 또는 미국에 상장된 인도 관련 ETF를 사는 방법,
③ 인도 관련 펀드를 사는 방법

인도 펀드는 국내외 여러 기관에서 판매하고 있다. 미국에 상장된 14개 종목과 국내 증권사에 상장된 ETF를 사는 방법이다. 이들 ETF는 인도지수를 하나의 종목으로 연결해 만든 개념으로 인도증시가 오르면 ETF가 오르고, 인도증시가 내리면 ETF도 그만큼 하락한다. 종합지수를 추종하는 상품이기 때문이다. 현재 미국에는 14개의 인도 관련 ETF가 상장되어 있고, 국내에는 2개가 상장되어 있다.

CHAPTER 3

베트남, 한국 투자자들을 기다린다

한국과 닮은 꼴, 베트남이 뜬다

🛗 아세안 국가들에 주목하라

인도에 이어 내가 주목하는 국가는 베트남이다. 베트남은 아세안 경제공동체에 속해 있다. 베트남을 살펴보기에 앞서 이들 국가들이 속해 있는 아세안 전체를 먼저 살펴보도록 하자.

아세안에 속한 국가는 인도네시아, 베트남, 말레이시아, 싱가포르, 태국, 필리핀, 캄보디아, 라오스, 미얀마, 브루나이 등 총 10개국이다. 이들 국가들은 중국과 인도 사이에 위치하고 있어 향후 중국, 인도 벨트를 이을 것으로 기대되는 경제 유망국들이다. 한국과 일본, 대만 등이 1인당 GDP 2만 달러를 돌파하며 이미 선진국에 진입했거나 문턱에 있는 것과는 달리 아세안은 소국인 싱가포르와 브루나이를 제외하면 대부분 개발도상국들로 향후 경제발전 여지가 매우 높다. 아세안은 중국과 인도에 이어 인구 측면에서도 약 6억5천만 명으로 세계 3위의 경제연합이다.

인구구조도 경제발전에 매우 유리하다. 인구의 1/2 이상이 30세 이하의 젊은층이다. 또한 지리적으로는 바다와 접해 있고, 동양과 서양을 연결하는 지점에 위치해 있다. 이들 국가들의 연평균 경제성장률은 5%에 달한다. 중국, 인도와 함께 세계의 자본이 모여드는 곳이 바로 아세안 국가들이다.

이 중 투자자들이 주목해야 할 국가는 베트남과 인도네시아이다. 이 두 개의 국가는 인구가 많아(인도네시아 2억 6,600만 명, 베트남 9,700만 명), 거대자본의 이동이 용이하고, 향후 소비시장으로의 변화가 기대된다. 증시가 이제 막 활주로를 출발하여 향후 성장성이 높은 점도 투자자들이 유심히 지켜봐야 할 점이다.

떫️ 멀지만 가까운 나라, 베트남

베트남은 우리와 형제국이라 불릴 수 있을 만큼 많은 유사성과 정서적인 유대감을 가진 나라다. 베트남은 70년대까지 사회주의와 민주주의가 남북으로 나뉘어 전쟁을 치른 경험이 있다. 우리의 6.25와 유사하다. 당시 한국의 많은 젊은이들이 베트남에 파병된 바 있다.

역사적으로도 베트남은 한국과 유사하다. 오랫동안 중국의 식

면적	33만km²	한국의 3.3배
인구	9,650만 명	세계 15위(2018년)
GDP	2,600억 달러	세계 45위
1인당 GDP	2,700달러	세계 132위, 한국의 1985년 수준
연평균 경제성장률	6~7.3%	세계 최고수준

민지배를 받으면서 중국의 문화를 받아들였으며, 한자문화에 속하고, 유교와 불교사상이 뿌리내리고 있다. 수없이 많은 외세의 침략을 받으면서도 이를 잘 이겨내고 국가와 민족을 지켜낸 것도 한국과 유사한 점이다. 남북으로 길게 이어진 반도의 특성도 한반도에 자리잡은 한국과 유사하며, 해안선이 길어 바다로 뻗어나가기 쉬운 점, 중국과 국경을 맞대고 있는 점도 한국과 동일하다.

또한 한국에는 베트남에서 국제결혼으로 국적을 취득한 여성들이 많다. 반면 베트남에도 한국의 남성과 현지 여성 사이에서 태어난 자녀들(라이따이한이라 불린다)이 많고 이들이 아버지의 나라를 찾아오거나 동경하는 사례가 많다.

베트남은 한국인의 여행지로도 각광받는 곳이다. 최근에는 한국의 박항서 감독이 이끄는 베트남 청소년 축구 국가대표팀이 국제 청소년축구대회에서 결승전에 오르며 베트남 전역이 축구열기로 달아올랐다. 우리의 월드컵 4강에 비견되는 일대의 사건이었으며, 박항서 감독은 베트남의 영웅으로 떠올랐다. 연이어 스즈키컵 우승, 인도네시아에서 열린 아시안게임에서는 최초 4강 신화를 이뤄

내기도 했다. 이 사건 또한 한국과 베트남의 정서적인 거리를 좁히는 역할을 했음에 분명하다.

베트남은 과거 강대국과 전쟁을 치른 경험을 갖고 있다. 1946~1954년 기간에는 프랑스와, 1960~1975년 기간에는 미국과 전쟁을 하여 모두 승리했으며, 1979년에는 중국과도 전쟁을 치른 경험이 있다. 이후 베트남은 중국과 멀어지고, 먼 나라 미국과 가까워지는 행보를 보였다.

↥↥↥ 베트남의 매력

베트남 하면 한때 보트피플이 연상될 정도로 아픈 과거의 역사를 지닌 나라였다. 하지만 지금은 어두운 과거를 벗어나 밝은 미래의 가능성을 보여주는 몇 안 되는 국가로 탈바꿈하였다.

베트남은 양질의 노동력을 보유하고 있으면서도 인건비가 매우 저렴하다는 매력을 지니고 있다. 정치도 안정적이어서 해외 투자자들에게 유리한 조건을 제시하고 있다. 특히 베트남의 매력에 푹 빠진 국가는 바로 한국이다. 아세안 대부분의 국가에서 일본 자본이 우세한 반면, 베트남만큼은 한국의 자본이 대거 유입되어 있는 상황이다.

삼성은 베트남 현지에서만 10만 명 이상의 고용을 창출하고 있으며, 국내 유수의 대기업들과 3천 개 이상의 한국 기업이 진출해 있다. 우리 기업들은 과거 1차산업이 중심이던 베트남을 고부가가치 제품을 수출하는 나라로 바꿔가고 있다. 가히 한국의 수출전진기지 나라라 해도 과언이 아니다. 또 다른 한국으로 불려도 손색없는 관계가 형성되고 있는 것이다.

중국도 일대일로의 기치 아래 베트남 진출이 증가하는 추세다. 중국과 국경을 맞대고 있는 지역에는 공업벨트의 건설이 한창이다. 바다와 길게 면하고 있어 물류창고로써의 역할도 기대된다. 마치 한국의 동남부 연안에 공업지대가 길게 잇닿아 있는 형태와 비슷하다. 이는 향후 값싼 노동력을 바탕으로 노동집약적인 제조업의 발달을 예상할 수 있는 대목이다.

베트남이 본격적으로 산업화의 길을 걷게 된 계기는 구소련의 붕괴 이후이다. 소련의 영향에서 벗어나면서 해외 자본의 유입이 빠른 속도로 진행되었다.

- 1960.70년: 미국과 전쟁
- 1979년: 중국과 전쟁
- 1986년: 도이머이 정책(개혁 개방정책)
- 1989년: 국제간 화해무드(교류소통)
- 1994년: 경제해제조치
- 1995년: 미국과 국교정상화

베트남은 1986년 12월에 개혁, 개방 정책인 도이머이를 도입한 이후 2002년 7.04%, 2003년 7.1%, 2004년 7.7%, 2005년 8.4%라는 경이적인 GDP 성장률을 기록하였고, 2017년 6.8% 2018년 7.1% 경제성장률을 달성하였다.

미국과도 국교가 정상화되면서 해묵은 감정을 씻고 개방화, 산업화로의 진출에 박차를 가해 왔다.

베트남 정치구조는 사회주의를 유지하면서 치안이 매우 안정적이다. 경제는 개혁 개방을 하여 자본주의 시스템을 받아들였다.

베트남정식 명칭은 베트남사회주의공화국(Socialist Republic of Viet Nam)으로 사회주의 공화제를 채택하고 있으며, 공산당이 유일한 정당이다. 정부는 당서기장을 비롯 국가주석과 총리 등이 이끌고 있으며, 국회는 5년임기의 단원제이다. 행정구역으로는 5개의 직할시와 58개의 성이 존재한다. 주요도시는 수도인 하노이(인구 800만 명)를 비롯해 호치민(인구 1000만 명), 하이퐁(인구 196만 명), 다낭(인구 106만 명) 등이 있다.

하지만 아직 베트남의 경제는 이제 막 태동을 하여 미미한 수준으로 한국의 약 1/7 수준이다. 반면 발전가능성은 매우 높으며, 산업화로의 발전을 가로막는 장애물이 없다는 장점을 가지고 있다. 시장을 개방하려는 정부의 의지가 높고, 젊은 인구를 보유하고 있으며(앞서 전쟁과 베이비부머의 현상을 다룬 바 있다. 베트남은 1970년대까지 전쟁을 치루었던 나라다), 교육수준이 높아 낮은 문맹률을 기록하고 있다. 1억 명에 가까운 인구도 베트남의 매력으로 꼽힌다.

베트남의 또 다른 매력은 지리적 위치를 들 수 있다. 우리와 비숫한 경우로 인도차이나 반도국인 베트남은 대륙으로 들어가는 입구와 대륙에서 나오는 출구에 위치하여 노른자땅이라 할 수 있다. 미국의 오바마 정부에 이어 트럼프 정부마저 베트남에 공을 들이는 이유가 여기에 있다. 이러한 지리적 위치를 바탕으로 베트남은 미국과 중국 사이에 벌어지고 있는 무역전쟁의 수혜국가로 평가되기도 한다.

베트남 정부는 국가의 미래 장기 비전을 발표하였는데, 2030년까지 1인당 GDP 1만 달러를 달성하겠다고 발표하였다. 이는 현재의 4배 수준으로 연평균경제성장률을 볼 때 가능한 수치로 보인다. 또한 2025년까지 도시화율 50%를 달성하기 위해 매년 100만 명을 도시로 유입시키겠다는 목표를 세운 상태다.

정부의 야심찬 계획이 현실화된다면 베트남의 위상은 지금과는 비교할 수 없을 정도로 높아질 것이다. 1인당 GDP 5천 달러가 넘어가면 1억이라는 인구를 바탕으로 소비시장이 급속히 팽창하고, 1만 달러를 넘는 순간 베트남은 큰 변화를 겪을 것으로 생각된다.

[표] 베트남 투자연표

통화	동 100VND=5.23원	
금리	7~8%	한국 고도성장기와 비슷함
도시화율	36.6%	매년 100만명 도시로 유입
평균연령	29세	젊은 인구인 25세 이하 40%
연평균경제성장률	6~7%	
증권거래소 현황	호치민	2000년 개장. 378종목 상장. 하루 상하한선 6%
	하노이	2005년 개장. 954종목 상장. 하루 상하한선 8%

베트남은 AEC(아세안경제공동체), RCEP(아세안+6 FTA. '역내 포괄적 경제동반자협정'이라고도 한다), EU FTA(유럽연합 및 그 회원국 간의 자유무역협정), APEC(아시아·태평양 경제협력체), TPP(환태평양경제동반자협정)의 회원국으로 이곳에 공장을 세워 생산한다면 전세계 70% 이상의 나라에 무관세로 수출이 가능하다는 경제적 이점을 갖고 있다.

베트남에 어떻게 투자할 수 있는가?

베트남은 호치민과 하노이에 각각의 증권거래소를 두고 있다. 이중 호치민 거래소가 베트남을 대표한다. 베트남은 오랫동안 사회주의를 표방하였으나 이제 자본주의 체제가 서서히 자리를 잡아가고 있는 상황이다. 외국인 투자한도 제도가 있어서 한도가 소진된 종목은 매도가 나올 때까지 기다려서 사야 하는 특이점이 있다. 외국인 한도가 소진이 된 종목들은 성장성, 수익성, 안정성이 검증된 기업으로 이런 종목들은 관심을 가지고 꾸준히 체크해야 하며 성장이 예상되는 만큼 빠른 시간 안에 투자를 해야 한다. 베트남에 투자하는 방법은 4가지다.

① 베트남에 가서 직접 계좌를 개설하여 개별 주식을 사는 방법
② 베트남 펀드 가입
③ 베트남 상장지수에 투자

④ 한국의 증권사를 통한 투자

　직접 투자하는 방법은 베트남에 가서 베트남 증권사를 이용하거나 현지 지점이 있는 국내 증권사 지점을 방문해 계좌를 개설하여 거래하는 방법이 있으나 송금과 계좌개설에 대한 번거로움이 있다. 최근에는 국내 증권사를 통해서도 온라인 주식거래가 가능하다. HTS를 이용하면 베트남의 주식을 손쉽게 매매할 수 있다.

　투자자의 입장에서 높은 경제발전 가능성에 비해 증시의 상승은 아직 미진한 점을 눈여겨봐야 한다. 성장이 이제 일어나고 있는 베트남 주식은 단기투자의 관점보다는 중장기 관점으로 보유하여 상승하는 기업의 시세차익과 배당을 함께 노려야 한다. 비행을 위해 이제 막 활주로에 들어서고 있는 비행기에 미리 탑승한다면, 선점효과를 톡톡히 누릴 수 있기 때문이다.

　세계로TV에서는 본격적인 베트남 투자 시대를 앞두고 현지방문과 기업분석 등에 집중하고 있다. 세계로TV와 함께 한다면 베트남 증시의 대세상승을 놓치지 않고 그 과실을 나눌 수 있으리라 생각한다.

CHAPTER 4

인도네시아, 한국 투자자들을 기다린다
동남아의 숨은 진주, 인도네시아

인도네시아는 아세안 10개국 중 압도적인 경제규모를 가지고 있다. 그 원인은 세계 4위를 자랑하는 2억 6천만 명의 인구에서 기인한다. 인도네시아는 한국인에게 생각만큼 많이 알려지지 않은 나라다. 하지만 면적은 한국의 거의 20배에 달하고, 인구는 세계 4위를 기록할 만큼 인구대국 중 하나다. 하지만 아직까지 경제발전은 더뎌서 개인의 삶은 부유하지 않다. 도서로 구성된 국가지형의 특성상 250여종이 넘는 언어가 존재하고, 상호 교통에 제약이 있어 인도네시아의 발전에 단점으로 작용해 왔다. 향후 발전의 여지가 매우 높은 전형적인 개발도상국이라 인식하면 되겠다.

인도네시아에는 석유를 비롯하여 천연가스, 고무, 주석, 니켈, 구리 등 다양한 천연자원이 매장되어 있으며, 농작물 생산량도 세계적인 수준이다. 특히 인도네시아에는 후추와 육두구 등 과거 대항

면적	190만km²	한국의 19배, 세계 15위
인구	2억 6,660만 명	세계 4위(2018년)
GDP	약 1조 달러	세계 16위
1인당 GDP	4,123달러	세계 115위
연평균 경제성장률	5%	

해시대 당시 유럽인들의 아시아 진출 욕구에 불을 당긴 향신료의 주요 산지이기도 하다.

천연고무의 주요생산국으로서 고무가 주요수출품이며, 그밖에 커피 · 차 · 담배 · 코프라 · 향신료(육두구, 후추) · 기름야자나무제품 등을 수출한다.

이처럼 인도네시아에는 진귀한 산출물이 많고, 지리적으로도 동북아로 연결되는 요충지에 자리잡고 있어서 오랫동안 서구 열강들의 각축장이었다. 네덜란드의 지배를 받던 인도네시아는 2차세계대전을 계기로 일본을 돕는 것이 곧 독립을 쟁취하는 길이라 판단하고 전시체제 동원령까지 선포하면서 일본을 도왔지만, 일본의 패망으로 결국 스스로 독립을 선포하기에 이른다.

이후 영국과 네덜란드로 이어지는 점령군과의 전쟁, 내부의 갈등 등으로 국내 정치는 안정을 찾지 못한다. 그러다가 인도네시아 민족의 영웅으로 불리는 수카르노에 의해 독립을 쟁취하지만, 이후 31년간 독재정치를 실시한 수하르토가 등장한다. 아이러니하게도 그의 재임기간 동안 인도네시아의 경제는 크게 발전하였고 사회제도도 정비되었다. 친미와 친서방정책, 그리고 강력한 중앙집권체제의 결과였다. 하지만 그의 독재도 1997년 불어닥친 외환위기로 IMF를 맞으면서 막을 내린다. 그 시기만 다를 뿐 과거 우리나라의 독재시절이 데자뷰로 떠오른다. 수많은 사람을 억압하고 천문학적인 액수의 부정축제를 자행한 것까지 말이다.

인도네시아는 이후 점차 민주주의의 초석을 쌓는데, 이 과정에서도 여러 명의 지도자가 교체되었다. 2014년에는 최초로 국민들의 선거에 의해 정권교체가 일어났는데, 이때 당선된 대통령이 조코 위도도(일명 조코위)다. 입지전적인 인물인 그는 먼저 부정부패를 몰아내고 친서민정책을 펼치고 있으며, 인도네시아에 내재한 여러 가지 문제들을 하나씩 척결해 가는 등 개혁정치를 실행하고 있다.

인도네시아 대통령 조코위는 교통과 물류뿐만 아니라 인프라 구축에 힘쓰고 있으며, 세제개편을 통해 중장기적인 발전을 위한 토대를 마련하고 있다. 5개년 개발 계획을 발표하였고, 연 7% 이상의 경제성장률을 목표로 하고 있다.

그동안 인도네시아는 잠재력에 비해 인프라의 미비, 국내 정치 불안 등으로 주변국들에 비해 발전이 상대적으로 떨어졌었다. 하지만 그들이 가진 인구와 자원, 그리고 반목과 독재를 딛고 새롭게 출범한 정부의 의지를 살펴보면 향후 발전가능성이 그 어떤 아세안 국가보다 크다고 할 수 있다. 발전이 더딘 만큼 낮은 인건비와 인구 대국이라는 이점을 토대로 향후 아시아의 제조업 기지로 재탄생할 여지가 많기 때문이다.

인도네시아의 주식거래소는 IDX이다. 2019년 기준 653개 기업이 상장되어 있고 인도네시아 루피아로 거래한다. 그리고 대표적인 지수는 JCI다. 현재까지 인도네시아의 증시는 표면적인 상승률은 높았지만, 환율을 대입하면 그리 높지 않은 수준이다. 따라서 지금부터 인도네시아의 발전상황을 유심히 지켜보면서 투자를 준비해가야 한다.

CHAPTER 5

중국, 한국 투자자들을 기다린다
깨어난 용, 승천할 것인가 추락할 것인가?

미중 무역전쟁의 본질

미국과 중국 간 무역전쟁의 본질은 사실상 세계의 패권을 둔 양국 간의 사활을 건 전면전이다. 미국 이전의 패권국이었던 영국은 '해가 지지 않는 나라'로 불리면서 전세계에 식민지를 경영하였고, 여기서 막대한 부를 착취하면서 국부를 쌓을 수 있었다. 또한 영국에서 산업혁명이 일어나면서 영국의 독주는 오랫동안 지속되었으며, 세계는 영원히 대영제국의 깃발 아래 놓여 있을 것만 같았다.

하지만 1차와 2차 세계대전이라는 역사의 소용돌이에 휘말리면서 영국은 막대한 부를 전쟁에 쏟아부어야 했고, 미국은 생산기지 역할을 하면서, 또한 전쟁에서의 승전국의 지위를 얻되 본토는 전쟁으로부터 안전한 상태를 유지하는 데 성공하면서, 영국으로부터 패권을 가져오는 데 성공하였다.

대항해시대를 거치면서 동양의 부는 서양으로 이동하였고, 오랜 기간 유럽은 세계의 중심이었다. 영국 이전에 포르투갈과 스페인, 네덜란드가 세계의 바다를 지배했으며, 프랑스와 독일 역시 전세계에 식민지를 둔 패권 경쟁국들이었다. 하지만 세계를 지배하려는 그들의 야욕은 스스로를 무너뜨린 패착으로 작용하였다. 유럽은 두 번에 걸친 세계대전을 거치면서 황폐화되었고, 경제동력을 상실했으며, 서로를 믿지 못하는 상황에 이르렀다. 서로를 믿지 못했던 그들은 또다시 유럽이 화염에 휩싸이는 사태를 방지하기 위해 EU를 창설하였으나, 최근 몇 개의 나라에서 탈퇴 움직임이 보이면서 그 또한 균열을 보이고 있다.

2012년 발생한 유럽 각국의 재정위기가 잘나가던 유럽이라는 배에 구멍이 나버린 계기로 작용했다고 생각되지만, 사실 유럽의 몰락은 1,2차 세계대전과 그 결과로 빚어진 패권의 상실부터 시작되었다고 볼 수 있다. 속도가 떨어진 유럽호가 2012년의 위기를 맞아 현저히 한쪽으로 기울어져 버린 것이다.

세계대전 이후는 소위 냉전체제가 시작된다. 미국이 대표하는 자본주의와 소련이 대표하는 사회주의 간 대결이 그것이다. 하지만 소련은 붕괴되었고, 미국의 독주가 시작되었다. 그러던 중 중국의 급부상은 미국에 심각한 위기인식을 불러왔다. G1뿐이었던 세계질서에 변화가 감지되었던 것이다.

2018년 IMF 기준으로 미국은 명목 국내총생산(GDP)는 20조 달러로 14조 달러인 중국을 앞서고 있었지만, 구매력을 기준으로 하는 실질 GDP는 이미 중국에게 추월당한 상태였다. 더구나 중국이 일대일로를 천명하면서 세계 경영의 기치를 올리자, 미국은 패닉에 빠졌고, 이를 더 이상 두고 볼 수 없는 상황으로 급변하였다.

자유무역과 세계화의 최대 수혜자인 미국은 이로써 비이성적인 정책을 쏟아내었는데, 대표적으로 대중무역적자 해소를 위한 관세 부과를 들 수 있다. 무역전쟁은 금융전쟁으로 그 범위가 확대되는 추세며, 양국 간 재래식무기를 앞세운 군사적인 충돌도 배제할 수 없다. 결국은 한쪽이 백기를 들고 양보해야만 끝나는 싸움인 것이다. 실제로 미국과 중국은 각지에서 군사적인 시위를 강화하고 있다. 대만과 동북아, 남중국해 등이다. 이 거대한 전쟁이 어떤 방식으로 종결될지는 알 수 없으나, 분명한 점은 한쪽은 치명상을 입고 중심축이 기울 수밖에 없다는 사실이다.

그러면 누가 승리할까

미중 무역전쟁의 근본적인 원인이라고 할 수 있는 중국의 금융시장을 개방하고, 무역적자를 해소하기 위해 무역전쟁을 넘어 금융전쟁으로 가면서 중국의 금융시장, 외환시장, 자본시장을 개방시키는 것이 이번 전쟁의 목적이기도 하다. WTO에 중국이 가입한 후로 미국은 중국에 4조억 달러가 넘는 무역적자를 보았다. 그래서 그동안 무역적자를 본 금액을 미국은 중국으로부터 회수하는 데 목표를 두고 있다. 미중 간 무역전쟁의 여파로 그 피해는 미국보다는 중국이 클 수밖에 없다. 아주 먼 미래에는 중국이 다시 미국과의 싸움에서 승리할 수도 있지만, 이번 무역전쟁은 미국의 승리로 끝날 가능성이 크다. 결국 중국은 미국에 많은 부분을 내어줄 공산이 크다. 과거 여러 나라들이 G1에 도전했다가 무너졌던 것처럼 말이다.

이제 중국은 생사의 갈림길에 서 있다. 과거 소련처럼 나라가 붕괴하여 소수민족들이 독립을 하면서 여러 나라로 분리될 수도 있다. 혹은 지금보다는 현저히 약한 나라로 추락할 수도 있다. 하지만 그들의 넓은 영토와 많은 인구는 중국을 다시 일으켜 세울 것이며, 다시 미국에 대항하는 국가로 성장할 것이다. 그 시점이 언제인지는 알 수 없지만, 미국이 영원히 G1의 위치에 있을 것이라고는 생각되지 않는다.

중국은 스스로의 힘(기술)보다는 자국의 거대한 몸집을 바탕으로 성장해 왔다. 이 말은 곧 기술이 없는 성장만 해왔다는 의미다. 독일이나 일본이 2차 대전에서 패망한 후 몰락의 길을 걸을 수도 있었으나 현재처럼 다시 경제대국으로 발돋움할 수 있었던 원동력은 기술력이었다. 하지만 중국은 앞의 나라들에 비해 기술력이 현저히 떨어진다. 미국의 공격에 맥없이 패한 이유가 바로 여기에 있다.

그동안 중국은 정부의 막대한 보조금, 해외로부터의 기술이전 등 비정상적인 방법을 써왔다. 스스로 강해지지 못했다. 따라서 중국이 다시 패권전쟁에 뛰어들기 위해서는 미국을 앞서는 기술로 무장해야 한다. 거기에는 오랜 시간이 걸리며 수많은 시행착오가 필요하다. 중국은 이번 패권전쟁의 진통을 겪은 후에 수출 중심의 제조를 내수중심의 산업으로 신성장과 더불어 도모하며 성장할 것이다.

⬆ 중국에 투자해도 되는가?

중국투자는 앞서 소개한 인도나 아세안국가들과는 그 결이 달라지고 말았다. 성장성이 아닌 상황에 따른 투자로 정의할 수 있다. 과거 우리는 IMF를 경험한 바 있다. 잘나가던 경제가 하루아침에 위기에 직면했었다. 전세계의 부러움을 사던 그 높은 경제성장률이 위기를 겪으면서 꺾이고 말았다.

하지만 위기는 항상 기회를 동반한다. IMF를 겪으면서 주식과 부동산으로 대표되는 한국의 자산은 대폭락을 피해가지 못했다. 하지만 지금 돌이켜보면 당시의 대폭락은 기회였다. 외국자본가들이 운 좋게, 혹은 전략적인 판단 하에 IMF로 인해 염가세일 구간에 들어간 한국의 자산을 매입하였다. 부도위기에 빠진 기업들도 손쉽게 외국자본가의 손에 넘어갔다. 그리고 단기간에 막대한 부를 축적하는 기회가 되었다.

이 현상을 두고 우리는 무엇을 배울 수 있는가? 미국은 끊임없이 중국을 몰아부칠 것이며, 이 과정에서 중국 내 자산은 하락이 불가

면적	960만km²	한국의 96배, 세계 4위
인구	14억 2천만명	한국의 27배, 세계 1위(2018년)
GDP	14조 달러	세계 2위
1인당 GDP	10,000달러	세계 67위, 한국의 90년대 초반 수준
연평균 경제성장률	6~6.2%	

피하다. 그리고 어쩔 수 없이 금융을 개방하여 서방의 자본이 중국으로 들어가 바겐세일된 중국의 자산을 염가로 매입할 것이고, 휘청거리는 중국의 알짜기업들을 헐값에 쓸어담을 것이다.

결국 투자 관점에서 미국과 중국의 패권전쟁은 중국의 자산을 싸게 살 수 있는 기회다. 중국의 자산이 언제 세일 구간에 들어가는지 유심히 지켜봐야 한다.

CHAPTER 6

인구가 경쟁력이다

인구수와 인구구조는 투자자가 결코 간과해서는 안 되는 중요한 핵심 요소이다. 거대한 글로벌 자본이 이동할 수 있는 자체 시장을 가지고 있는지 따져봐야 한다.

인터넷과 모바일 시대, 그리고 4차 산업혁명의 시대에는 인구수가 소비시장의 규모를 결정한다. 이전 시대에도 인구는 소비의 근원이었으나 향후의 시대는 그 양상이 더욱 강화될 것으로 판단한다. 전세계 인구 중 44억 명이 아시아에 거주하고 있으며, 그 중 30세 이하는 약 10억 명이다. 슈퍼경제를 이끌 세계 성장 엔진이 아시아에 있다고 판단하는 근거다. 전세계 소비시장의 65%를 아시아가 이끌어 갈 것이다. 더구나 아시아는 미국이나 유럽과 달리 경제가 이제 막 기지개를 켜고 있다. 투자의 관점에서 놓칠 수 없는 팩트이다.

미국	3억 2천만 명
중국	14억 명
인도	13억 5천만 명
유럽	5억 2천만 명
일본	1억 2천만 명
인도네시아	2억 7천만 명
베트남	9600만 명
통일한국	7700만 명

이 거대한 시장으로 세계 주요 자본의 이동이 시작되었다. 비록 중국이 G1의 자리를 둔 미국과의 전쟁에서 불리한 위치에 있지만, 과거에 비하면 그 위상이 상전벽해 수준으로 높아졌다. 뿐만 아니라 통일한국과 인도, 베트남 등 동남아시아의 성장잠재력은 매우 높은 상황이다.

미국과 유럽의 역사를 보라. 포르투갈과 스페인, 네덜란드, 영국, 그리고 미국. G1의 인접국들은 서로 키재기라도 하듯이 함께 성장하였다. 세계가 글로벌화되어 서로 간의 거리가 좁혀졌다고는 하지만, 경제의 블록화가 중요한 속성상 세계 1등 국가와 인접했다는 사실은 그 자체로 강력한 경쟁력이다. 우리나라가 중국의 산업화로 인해 한때 조선, 철강, 해운 업종이 텐배거를 연출했던 것처럼 말이다.

그래서 앞서 소개한 국가들이 여기에 해당한다. 인구대국인 중국과 인도, 통일한국, 베트남을 투자대상 지역으로 선별한 이유이다.

CHAPTER 7

강대국의 비밀

과거역사를 돌이켜보건데, 강대국이 되기 위해서는 넓은 영토와 많은 인구를 보유해야 하며, 강력한 군사력이 뒷받침되어어야 한다. 여타 국가들과는 차별화된 고도의 경제력은 필수이며, 기술력으로 무장해야 한다. 그 국가 자체로 부유해야만 다른 국가로 확장해 나갈 수 있다. 뿐만 아니라 눈에는 보이지 않지만, 강대국의 조건으로 없어서는 안 될 소프트파워가 필수불가결이다. 미국의 이념인 자유, 민주, 평등, 정의, 관용 등을 들 수 있다. 국가가 부강한 만큼 국가를 구성하고 있는 국민 개개인의 정신적 수준이 중요하다는 의미다.

또한 강대국은 무력만으로는 되지 않는다. 무력만으로 강대국의 위치에 도전했던 국가들은 그 끝이 매우 불행하였다. 소프트파워는 무력이라는 직접적인 강요 없이도 다른 국가들을 움직일 수 있는 힘을 부여한다. 소프트파워가 있어야만 진정한 강대국, 즉 패권국가의 지위를 획득할 수 있으며, 그 지위를 오래 보존할 수 있다.

패권국에 올랐다 하더라도 자만하여 자기만족에 빠진다면 쇠퇴의 길을 걷고 만다. 과거 로마와 몽골, 영국 등이 그 길을 답습하였다. 현재 세계 제1의 강대국인 미국은 과연 어떤 길을 걸을 것인가? 언젠가는 그 지위가 심각하게 위협을 받고, 도전을 받는 순간이 찾아올 것이다. 우리가 살아있는 동안 패권국의 전환 내지는 이동을 목격할 수 있을지는 미지수다. 하지만 인류역사에서 영원한 강대국은 존재하지 않았다. 해가지지 않는 영국도, 모든 길이 그곳으로 통했다는 로마도, 동양과 서양을 휩쓸었던 몽골도 지금은 강대국에서 내려오고 말았다. 심지어 몽골은 과거의 위상은 온데간데없다.

미국이 강대국으로써 오랫동안 지위를 유지하려면 무엇보다 다른 나라를 향한 강력한 군사력과 자본주의(돈)의 힘뿐만이 아니라, 배려하고 존중하고 공존할 수 있어야 하며 나아가 인간 개개인에 대한 생명과 자유, 행복과 재산을 지켜주는 근본적인 물음에 답할 수 있어야 할 것이다.

CHAPTER 8

신흥국의 유망업종

우리의 과거역사를 되돌아보면 우리를 따라오는 국가들을 알 수 있다. 우리가 신흥국일 때 성장을 주도했던 업종은 무엇인가? 시기별로 업황의 변화는 어떠했는가? 역사는 반복된다. 특히 경제역사는 되돌이표처럼 반복되며, 앞선 국가들이 걸었던 그 길을 그대로 뒤따라 걷는 경우가 많다.

IT융합

IT는 경제발전의 쌀과 같아서 각종 산업과 융합되어 스스로 발전함과 동시에 연관 산업을 발전시키는 역할을 한다. 4차산업혁명 시대에 국가의 경제력은 기술에서 나오며, 대표적으로 IT분야를 꼽을 수 있다. 통신, 전기, 전자, 기계뿐만 아니라 자동차, 항공 등 그 분야는 무궁무진하다.

식음료

식음료 업종은 경제성장 히스토리에서 오차가 거의 발생하지 않는 복제품과 같다. 물가상승율을 정직하게 반영하며, 한번 방향이 정해지면 좀체 흔들리지 않고 추세를 지속한다. 워렌 버핏이 최첨단을 달리는 종목에 투자하는 대신, 전통적인 식음료 업종에 투자한다는 사실은 익히 알려진 바 있다. 국내외 변수에 덜 민감하므로 기업은 안정적으로 수익을 창출할 수 있고, 국가경제 발전과 함께 늘어나는 소비의 혜택을 고스란히 받으며 주가도 끝없이 오르는 경우가 많다.

건설

인간생활의 기본은 의식주다. 빈곤에서 벗어나면 가장 먼저 해결하는 것이 먹는 문제와 집문제다. 경제발전과 함께 곳곳에 공장이 세워지고, 도시가 발전한다. 그뿐인가? 도로와 철도, 공항과 항만 등은 경제발전에 없어서는 안 될 인프라다. 전기와 수도, 통신 등도 필수적으로 성장이 동반된다. 그리고 수도 한복판에는 발전을 상징

하는 마천루들이 하늘로 닿는다. 신흥국은 건설붐이 일어날 수밖에 없다.

♙ 금융(은행, 증권, 보험)

돈이 모이는 곳에는 빌리고자 하는 사람과 빌려주고자 하는 사람들이 북새통을 이룬다. 신흥국으로는 국제자본의 이동이 활발히 일어나므로 이전에는 잠만 자던 금융이 잠에서 깨어난다. 금융개방이 이뤄져 자본이 들어올 수 있는 길을 열고, 이렇게 흡수된 자본은 높은 성장률에 기대어 자본 특유의 생리인 레버리지를 일으킨다. 사람들은 점차 자본주의의 매력을 깨닫게 되고, 은행을 통한 레버리지 게임을 시작하며(은행), 성장하는 기업에 투자하고(증권), 먹고사는 문제를 넘어 미래를 대비하기 시작한다(보험).

♙ 제약

제약과 바이오 업종은 그 발전이 한 국가에 국한되지 않고 세계적인 추세와 맞닿아 있다. 오랫동안 건강하게 살고자 하는 인간의 욕망은 어디나 똑같다. 특히 빈곤에서 벗어난 국가의 국민이라면 노후문제, 건강문제에 눈을 뜨게 된다. 또한 보다 수준 높은 기술로

의 전이가 일어나 농업에서 제조업으로 그리고 일정 수준의 기술
이 전제되어야 하는 업종으로 확산된다. 대표적으로 제약업종을 들
수 있다. 앞서 기술한 대로 경제가 성장하면 수명이 연장되고 고령
화 현상이 발생한다. 자연스러운 흐름으로 제약에 관심이 옮겨 붙
을 수밖에 없다.

최저점 대비 1000배 상승한 삼성전자의 연봉이다. IT대장주로써
신흥국에도 IT관련주의 미래를 보여주는 단적인 예이다. SK텔레콤
의 경우에도 1990년 3만원의 주가에서 2000년도 540만원까지 약
180배 상승하였다. 이와 같이 신흥국에도 성장성을 담보하며 미래
를 견인하는 핵심 산업에 투자하면 큰 부를 이룰 수 있다.

[차트] 삼성전자 연봉

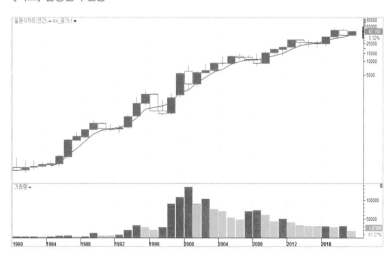

[차트] 삼성화재 연봉

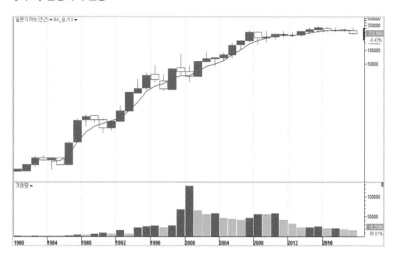

　　1980년대 초 300원의 주가에서 2018년 30만원대까지 약 1000배 상승한 보험주 대장인 삼성화재의 연봉이다. 500원으로 액면분할을 하였고 실제주가는 액면가 5천원으로 환산했을 경우 300만원이 넘는 주가이다. 단순한 주가상승률에 더해 매년 지급받은 배당금까지 더하면 그 이상의 수익을 달성했을 것이라 보여진다. 이와 같이 GDP성장이 이루어지면 삶의 질 향상과 더불어 위험에 대비하려는 인간의 욕구에 불이 붙는다. 삼성화재는 이를 잘 보여주는 종목의 예이다.

　　신흥국의 경우 지금은 의식주와 같은 기초생활에 집중하고 있지만 향우 성장이 이루어지면 반드시 관심을 가져야 하는 업종이 보험을 포함한 은행, 증권 등과 같은 금융업이다.

[차트] 유한양행 연봉

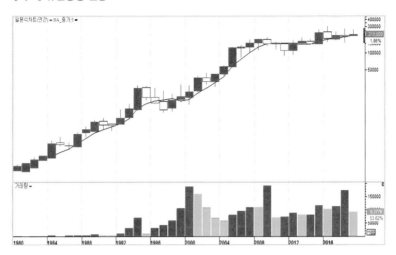

　　1980년대 800원에서 2016년 20만원까지 약 250배 상승한 유한양행의 연봉이다. 2000년 전 진시황은 천하를 통일한 후 오래 살고 싶은 욕망에 불노초를 구하기 위해 백방으로 노력하였다. 건강하게 오래 살고 싶어 하는 인간의 욕망은 예나 지금이나 변함이 없다. 향후에도 성장이 지속될 것으로 보이며 제약, 바이오 산업인 유한양행의 예로 보아 신흥국에도 대박이 예상되는 업종이다.

PART 4

내가 본
주식투자의 미래

세상을 뒤바꿀 만큼 엄청난 위력의 4차 산업혁명은 새로운 비즈니스와 부자가 될 기회를 줄 것이다. 4차 산업혁명은 공상영화에서 보았던 일들이 현실이 되는 시기로 정의할 수 있다. 큰 틀에서는 구경제에서 신경제로의 발전이다.

바야흐로 새로운 물결의 산업혁명 시대가 도래하였다. 산업혁명이란 무엇인가? 인간의 삶을 송두리째 바꾸는 거대한 물결이다. 산업혁명을 통해 우리의 삶은 비약적인 발전을 거듭해 왔고 이번 4차 산업혁명 역시 그럴 것이다. 과거 산업혁명을 통한 혁신과 변화를 살펴본 후, 앞으로 우리에게 다가올 신조류를 이해한다면, 투자자에게는 일생일대의 기회가 될 것이다. 그 조류에 편승하는 것만으로도 무궁무진한 기회가 되기 때문이다.

4차 산업혁명은 새로운 경제트렌드를 만들어 낸다. 나노, 바이오, 로봇, 인공지능, 소프트웨어, 네트워크, 데이터를 활용한 융합기술, 공유경제, 맞춤생산 등 여러 형태의 새로운 산업출현과 획기적인 모델 탄생을 의미한다. 이처럼 세상을 뒤바꿀 만큼 엄청난 위력의 4차 산업혁명은 새로운 비즈니스와 부자가 될 기회를 줄 것이다

4차 산업혁명은 공상영화에서 보았던 일들이 현실이 되는 시기로 정의할 수 있다. 큰 틀에서는 구경제에서 신경제로의 발전이다.

구경제를 이끌던 기업들의 면면을 보자. 모토롤라, 노키아, 포드, 코닥, 소니 등이다. 그런데 신경제를 이끌어갈 기업들은 구글을 필두로 애플, 마이크로소프트, 아마존, 테슬라, DJI, BYD 등이다. 이전 산업사회가 노동과 자본, 기술과 설비를 바탕으로 정형화된 업무를 누가 효율적으로 수행하느냐의 대결이었다면, 향후 새로운 사회는 지식과 정보, 아이디어, 상상력이 무기가 된다. 존재하지 않았던 가치를 창조하는 기업이 독점적 지위를 얻게 될 것이다. 핸드폰을 만드는 삼성보다 핸드폰을 이용해 없던 가치를 창조해낸 애플

머니게임시대, 주식이 답이다

이 훨씬 더 크게 성장했던 것처럼 말이다.

4차 산업혁명 기간에는 어떤 일이 일어날 것인가. 진일보한 기술을 바탕으로 그동안 인류가 풀지 못했던 미스터리들이 하나씩 풀리게 될 것이다. 그 미스터리란 양자역학, 외계생명체, 양자중력, 시간의 본질, 또 다른 차원의 우주, 유전자와 암, 암흑에너지의 본질, 암흑물체의 정체, 생명의 기원 등이다. 그 위대한 여정을 향한 실질적인 첫 단추가 끼워질 것이다.

4차 산업혁명을 이끌어갈 신기술에는 무엇이 있으며, 이 기간 동안 어떤 일이 일어날 수 있는지 키워드로 살펴보자.

[표] 키워드로 살펴본 4차 산업혁명을 이끌 신기술

1	신흥국, 모바일, 인구, 소비
2	고령화, 수명연장, 노화예방, 바이러스 맞춤의약, 맞춤예방, 복제, 3D 바이오프린팅
3	무인항공, 드론, 자율주행차, 플라잉카
4	사물인터넷, 인터넷플러스
5	빅데이터, 클라우드, 에지컴퓨터
6	통신, 라이파이, 5G
7	홍체, 센서칩, 보안인증
8	핵융합, 합성생물학
9	나노 탄소, 그래핀, 보르핀
10	환경
11	양자컴퓨터, 위상양자컴퓨터
12	인공지능 AI, 로봇, 시스템반도체

CHAPTER 1

산업혁명의 과거와 현재, 그리고 미래

산업혁명은 동시대를 살아가는 사람들이 누릴 수 있는 일생일대의 기회이다. 그 시기를 보면 100년에 한 번씩 산업혁명이 일어났기 때문이다. 투자자로서 새로운 산업혁명의 시대를 살아간다는 것은 그래서 축복에 가깝다.

1780년대에 일어난 제1차 산업혁명은 증기기관을 통한 방직기, 방적기 혁명이다. 당시는 세이의 법칙(공급은 수요를 스스로 창출한다)이 당연시 되는 시대로, 수요는 많고 공급은 적었기 때문에 물건을 만들면 만드는 대로 팔려나갔다. 이 말은 반대로 하면 공급이 그만큼 부족했다는 말이다. 그러니 공급자가 '갑'의 위치에 있었다. 소비자의 욕구 따위는 아랑곳하지 않고, 공급을 할 수 있는 조건만 갖춰지면 막대한 부를 거머쥐고 최상위의 계층에 올라설 수 있었다. 그러니 돈이 없는 서민들은 물레를 돌려 옷을 만들어야 했는데, 하

[그림] 산업혁명 과정

	제1차 산업혁명	제2차 산업혁명	제3차 산업혁명	제4차 산업혁명
시기	18세기	19~20세기 초	20세기 후반	21세기
특징	증기기관 기반의 기계화 혁명	전기에너지 기반의 대량생산 혁명	컴퓨터와 인터넷 기반의 디지털 혁명	사물인터넷(IoT)와 빅데이터, 인공지능(AI) 기반의 만물 초지능 혁명
영향	수공업 시대에서 증기기관을 활용한 기계가 물건을 생산하는 기계화 시대로 변화	전기와 생산조립 라인의 출현으로 대량생산 체계 구축	반도체와 컴퓨터, 인터넷 혁명으로 정보의 생성·가공·공유를 가능케하는 정보기술시대의 개막	사람, 사물, 공간을 연결하고 자동화 지능화되어 디지털·물리적·생물학적 영역의 경계가 사라지면서 기술이 융합되는 새로운 시대

출처 : 미래에셋대우

루에 옷 한 벌을 만들기도 버거웠다. 그래서 겨울이 되면 유럽지역
에는 얼어서 죽는 사람이 속출하였다.

하지만 영국에서 산업혁명이 일어나면서 대량의 옷이 생산되고
이제는 생산자 중심에서 소비자 중심으로 바뀌게 된다. 또한 영국
은 남아도는 의류를 자신들이 이미 건설해 놓은 식민지에 팔기 시
작하면서 엄청난 부를 획득한다.

영국은 산업혁명이 일어나기 전까지 인도를 통해서 대량의 옷감
을 수입하였다. 지금도 인도영화를 보면 옷의 색감과 감촉이 매우
뛰어남을 알 수 있다. 여기에 매료된 영국인들은 인도 옷감이라면
정신을 못 차릴 정도였으며, 인도에서 수입한 옷감을 걸친 여인은
상류층의 표본이었다. 반면 옷감값을 지불하기 위해 영국에서 인도
로 엄청난 자금이 이동하였다. 이것이 바로 영국의 고민이었다. 이

러한 현상이 바로 산업혁명의 촉매제로 작용했던 것이다.

영국은 자신들의 옷을 팔기 위해 인도에서 물레로 옷감을 만드는 기술자들의 팔을 자르는 일까지 자행하였다. 물레를 더 이상 돌리지 못하도록 금지하였음은 물론이다.

그런데 중국은 상황이 조금 달랐다. 영국에는 지금도 오후가 되면 애프터눈 티를 마시는 관습이 있다. 영국인들은 인도의 옷감과 함께 중국에서 들어오는 차와 도자기, 비단 등에 열광하였다. 하지만 중국인들은 영국이 만든 옷감을 사지 않았다. 양털로 만든 영국의 옷감은 오랑캐들이나 입는 저급한 옷이라고 폄훼했던 것이다. 따라서 영국과 중국 간에 심각한 무역의 역균형이 발생하고, 막대한 양의 은이 중국에 수입대금으로 지불되었다. 영국은 이처럼 심각한 무역적자를 해소하기 위해 수입대금으로 은 대신 아편을 중국에 팔기 시작한다. 바로 아편전쟁의 원인이었다.

그러면 1차 산업혁명으로 부자가 된 사람들은 누구였을까? 바로 방직기, 방적기 업자들이 아니라 양모 업자들이었다. 옷을 만들기 위해서는 어떤 방직기 업자라도 양털이 필요했기 때문이다. 양모 업자들은 기존 감자밭을 갈아엎고 거기에 양을 방목하였다. 무엇이 돈이 되는지 알았던 사람들이다. 덕분에 감자의 출하량이 급감하여 굶어죽는 사람들이 급증하였다.

그로부터 100년 후인 1870년에 일어난 2차 산업혁명은 전기를 활용한 대량생산체제로의 변화로 정의할 수 있다. 당시까지 마차나 별반 다를 게 없고, 쓸모없는 물건으로 취급받던 자동차에 일대 혁신이 일어난다. 대량생산이 가능해진 것이다. 마차가 다니던 거리는 순식간에 자동차로 뒤덮인다. 불과 수십 년만에 말과 마차가 다니던 도로는 자동차의 행렬이 길게 늘어선 풍경으로 바뀐다.

그런데 이때도 돈을 번 사람들은 따로 있었다. 바로 석유업자들이다. 거리를 뒤덮은 자동차마다 석유를 가득 싣고 달렸기 때문이다. 기존에 석탄을 이용해 증기로 돌아가던 기계들이 석유라는 액체로 빠르게 대체되었다.

그로부터 100년이 흐르자 또 다시 3차 산업혁명이 일어난다. 컴퓨터를 활용한 정보화, 자동화 생산 시스템이 그것이다. 집집마다 회사마다 개인용 PC가 필수품이 되었고, 인터넷은 세계를 단숨에 하나로 연결하는 신기원을 이뤄냈다. 이어서 손에 핸드폰을 들고 다니지 않으면 원시인 취급을 받는 사회로 탈바꿈시켰다. 빌 게이츠와 스티브 잡스는 젊은이들의 성공 모델로 우뚝 솟아올랐고, 구글과 애플 등이 3차 산업혁명의 최종 승자로 그 지위를 굳혀가고 있다.

3차 산업혁명은 우리가 알던 물건들을 추억의 물건(카세트 테이프, CD 등)으로 바꾸어버렸고, 걸어다니면서도 언제 어디서나 정보를 습득할 수 있는 체제를 이끌었다.

자 그러면 4차 산업혁명은 우리에게 어떤 모습으로 다가올 것인가? 이전과는 비교가 어려울 만큼 혁신적이고 혁명적이며, 파괴적인 모습일 것으로 예상한다. 그 분야가 방대하기 때문에 모두 살펴볼 수는 없고, 몇 가지 업황을 중심으로 미래를 이끌어갈 산업과 분야를 다음 장에서 하나씩 살펴보기로 하자.

CHAPTER 2

그들이 본 미래

먼저 세계의 석학들과 기업, 그리고 유수의 언론들은 인류의 미래를 어떻게 예상하고 있는지 살펴보자.

미국 정부는 향후 20년간 바이오혁명과 나노, 정보, 로봇, 뇌과학 융합 산업을 활성화 시켜 경제를 살리겠다고 발표하였다. 발표 시점은 이미 10년 전이었다. 관련 기술들이 상당히 진척되고 있으며 이에 따라 유전자 치료, 암정복, 장기 생산, 뇌공학이 발전하고 있고, 원거리 화상 진료 등은 현실화가 눈앞에 다가와 있다. 바이오 혁명은 인간의 수명을 연장시키고, 인간의 능력을 향상시킬 것이다.

선진국의 특허상황을 보더라도 최근 나노를 비롯해 바이오, IT 정보, 뇌과학, 마음읽기, 로봇, 양자컴퓨터, 위상양자컴퓨터 분야에 집중되고 있다. 이는 이미 많은 기업들이 미래를 내다보고 기술개발에 박차를 가하고 있다는 의미다.

자 그렇다면 국내외 연구단체와 전문가들은 어떤 미래를 예상하고 있으며, 어디에 어떻게 투자할 계획을 가지고 있는지 차례로 살펴보기로 하자.

국내 한 연구단체는 10대 미래 유망기술로 스마트폰 이용 진단, 의료 빅데이터, 바이오스탬프, 라이파이(Li-Fi), 나노 소재 활용 에너지 하베스팅, 개인맞춤형 스마트러닝, 실감공간 구현기술 등을 발표하였다.

〈세계미래보고서〉(박영숙, 제롬 글렌 지음)는 미래예측기관과 학자들, 신기술 개발에 앞장서고 있는 전문가들의 예측을 정리하여 2130년까지의 미래를 '미래 연대표'라는 이름으로 소개하였다. 그 발전 속도는 놀라울 따름이다. 투자자에게 매우 유익하고 중요한 정보를 담고 있다. 미래에 실제 일어나지 않을 일들도 있겠지만, 급격하게 변화하는 미래의 단면을 볼 수 있다는 데 의미가 있다. 이를 살펴보면 다음과 같다.

2025년에는 장기를 포함해 인간 신체의 78개 부분을 3D 프린터로 프린트할 수 있게 된다.

2033년에는 핵융합 발전의 원료인 헬륨3를 달에서 채취하기 시작한다.

2036년에는 생체공학적 인공 안구가 인간의 시각을 능가한다.

2053년에는 DNA를 조작해 성별부터 신장, 피부, 머리카락과 눈동자의 색 등 수백 가지 특성을 부모가 결정하는 '완벽한 아기'인 디자이너 베이비가 등장한다.

2060년에는 냉동인간을 되살리는 냉동보존술이 완성된다.

2130년에는 인간과 구별할 수 없는 휴머노이드가 등장한다. 인간의 수명이 평균 200세에 이른다.

구글은 차기 프로젝트를 생명 연장에 두고 투자를 지속하고 있다. 구글의 투자를 보면 헬스케어 및 생명과학 분야 36%, 모바일 27%, 기업 및 데이터 24%, 컨슈머 8%, 상거래 5% 등으로 헬스케어와 생명과학에 가장 큰 비중을 두고 있음을 알 수 있다.

중국의 진시황이 불로초를 구해 오도록 명했던 것처럼, 구글을 비롯한 실리콘밸리의 내로라하는 기업들이 노화방지와 인체재생, 수명연장 과학기술에 거액을 투자하고 있다. 특히 구글은 칼리코라는 회사를 만들어, 인간이 500세까지 살도록 하겠다는 의견까지 내놓는 상황이다.

세계경제포럼(WEF)과 미국 대중과학 잡지 사이언티픽 아메리칸지가 세계 10대 떠오르는 기술들을 공개한 바 있다. 여기서 선정된 10대 기술은 ①암 진단을 위한 비 침습 액체 생체검사법 ②공기로부터 깨끗한 물을 획득하는 기술 ③시각작업을 위한 딥 러닝 ④태양광 이용 액체연료 제조기술 ⑤인간 세포 도감 ⑥정밀농업 ⑦환경 친화 이동수단을 위한 저렴한 촉매 ⑧게놈 백신 ⑨공동 생활권의 지속가능한 디자인 ⑩양자 컴퓨터 등이었다.

구글의 이사이며, 세계 최고의 발명가이자 미래학자 가운데 한 사람으로 꼽히는 레이 커즈와일은 미래의 기술로 증강현실(AR), 인공지능(AI), 바이오 헬스케어, 자율주행차, 바이오기술, 생명과학,

유전자과학, 빅데이터, 음성인식을 꼽았으며, 2030년이 되면 인공지능이 인간의 지능에 근접할 것으로 예상하였다.

그는 인공지능의 미래를 가장 정확하게 예측한 사람으로 구글에서 '구글 뇌와 인공지능'을 연구하고 있다. 그는 인간이 영원히 살기 위해서는 '세 개의 다리(시기)'를 건너야 한다고 말했는데, ①건강관리법을 통해 노화의 속도를 극적으로 줄이는 시기 ②생명공학 혁명이 일어나 신체를 재설계할 수 있는 시기 ③나노기술 혁명을 통해 생물학적 한계를 뛰어넘을 수 있는 시기로 구분하였다.

커즈와일은 "마지막 단계에서는 모든 병을 인지할 수 있는 면역체계를 만들어 만약 새로운 병이 발생한다면 프로그램을 다시 짜고 새로운 병원균을 죽일 수 있으며 이 단계를 건너면 영원히 살수 있다"고 말했다.

이 시기가 되면 나노봇이 인체 내부를 돌아다니며 질병을 일으키는 병원균을 찾아 죽이는 역할을 수행한다. 질병을 원천 차단한다는 의미다.

1,000년 전 인간의 기대수명은 19세에 불과했다. 1800년에도 37세일뿐이었다. 그러나 지금은 이미 100세 시대에 접어들었다. 현재 태어난 신생아들은 특별한 사고를 당하지 않는 한 평균 100세까지 살 것이다. 뿐만 아니라 언론에서는 이미 수명이 140세까지 가능하다는 이야기가 나오고 있다. 영국의 한 과학자는 실험을 통해 인간의 수명을 현재보다 40% 연장하는 호르몬을 발견했다고 밝혔다. 그에 따르면 인간의 수명은 140세까지 늘어난다.

사물인터넷의 창시자인 케빈 애슈턴은 기술 패러다임이 20세기 IT에서 21세기에는 IoT(사물인터넷)로 변화했다고 주장한다. 성공적인 서비스 중심의 IoT를 위해서는 장비, 통신망, 보안 등을 고루 갖춰야 하며, 이를 통해 스마트 교통, 스마트 그리드, 원격 진료, 스마트 홈, 유통, 금융 결제 솔루션, 선박 운항 최적화가 가능해진다고 말한다. IoT의 핵심인 '센서 기술' 발전과 함께 PC 스마트폰이 점점 소형화될 것이라고 전망했다.

　최근 매일경제는 국내의 저명한 기초과학자, 공학자, 미래학자 등으로 구성된 자문단 31명과 함께 인류의 미래를 이끌 10대 기술을 선정했다. 전문가들은 뇌과학, 인공지능과 관련된 기술을 미래를 바꿀 기술로 내다봤다. 당장 상용화하기는 어렵지만 50년 내에 지구의 에너지 문제를 해결할 수 있는 핵융합과 불필요한 유전자를 제거할 수 있는 유전자 가위, 기존 컴퓨터보다 수백만 배 빠른 계산 능력을 자랑하는 양자컴퓨터 역시 미래 성장동력이 될 것으로 예상했다. 새로운 생명체를 설계하는 합성생물학, 자율주행차, 인간과 비슷한 형상을 한 휴머노이드 로봇, 피부에 떼었다 붙일 수 있는 웨어러블 기기도 미래 기술로 선정됐다.

[표] 미래 50년 경제패권 가를 10대 신기술

인공지능	뇌과학	핵융합	양자컴퓨터	유전자가위
자율주행차	합성생물학	우주발사체	휴머노이드 로봇	웨어러블 기기

CHAPTER 3

격변의 시기, 4차 산업혁명은 이미 시작되었다

새로운 물결이 바꾸어 놓은 우리의 삶을 되돌아보고, 이어서 우리의 일상을 파괴적으로 바꾸어 놓을 혁신적 기술들을 살펴보고자한다. 그 기술이란 ①AI ②무인차 ③드론 ④로봇 ⑤빅데이터 ⑥양자컴퓨터 ⑦사물인터넷 ⑧바이오 ⑨나노 등이다. 아울러 우리의 미래를 바꿀 정치, 경제, 사회적인 측면도 살펴보기로 한다.

인공지능, AI

인공지능은 인간의 경험과 학습능력, 지각능력, 이해능력 등을 인간의 두뇌작용과 같이 컴퓨터 스스로 추론, 학습, 판단하면서 작업하는 시스템을 말한다. 몇 년 전 바둑 대결을 펼쳐 알파고가 압승을 거두면서 인공지능의 존재가 국내에 크게 부각된 바 있다. 멀게만 느껴졌던 기술이 이제는 인류를 위협하는 것이 아니냐는 불안을 불러일으킬 정도로 급성장을 해왔던 것이다. 초기의 인공지능은 바둑, 게임 등의 분야에 사용되는 정도였지만, 이제는 의료, 교육, IT 및 통신, 금융, 미디어, 자동차, 헬스케어 등과 같은 인간 실생활에 활용할 수 있는 수준에 이르렀으며, 향후 그 가능성도 무궁무진하다. 적용기술로는 머신러닝, 로봇틱스, 음성인식, 자연언어처리, 인지컴퓨터, 이미지처리 등이다.

사실 정보를 분석해 판단하는 약인공지능은 이미 광범위하게 활용되고 있다. 음성인식이나 안면인식 기술 등이 약인공지능에 해당한다.

또한 인공지능은 가전제품에도 사용되면서 일부 기술들이 상용화단계에 접어들었다. 인공지능은 향후 사물, 인간과 특히 자율주행차, 컴퓨터, 로봇, 나노, 바이오와 결합하여 그 사용범위가 무한대로 확장될 것이며 우리가 접하는 모든 기기와 제품에 인공지능 기능이 탑재되어 실용화 될 것이다.

과거 인터넷이 우리의 삶을 획기적으로 변화시킨 것처럼 인공지능 역시 경제, 문화, 사회를 포함한 모든 영역을 혁신적으로 변화시킬 것이며 인공지능이 실생활에 적용되는 날, 우리는 상상하지 못했던 새로운 일상을 체험할 것이다. 사실상 사람이 할 수 있는 일이 남아나지 않을 것이다. 전세계 모든 언어를 알아듣고, 상황에 맞춰 스스로 발전하는 인공지능은 가히 인간의 삶을 송두리째 바꾸는

[표] 세계 인공지능 시장규모

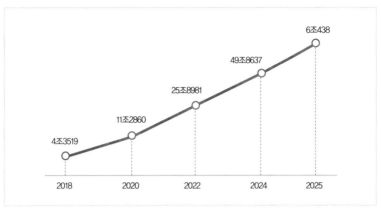

출처 : Statista

혁신 너머의 혁신이 될 것이다.

자율주행차·무인자동차

영화나 상상 속에서만 존재했던 자율주행차가 4차 산업혁명 시대를 맞이하여 곧 현실이 될 것으로 기대된다.

자율주행차란, 운전자가 브레이크, 핸들, 가속 페달 등을 제어하지 않아도 도로의 상황을 파악해 자동으로 주행하는 자동차이다. 자동차 산업을 대표하는 미래 기술로 국내외 글로벌 자동차 기업들이 기술개발과 상용화에 박차를 가하고 있다. 자율주행 시장은 2020년부터 본격적인 성장세에 진입할 것으로 전망되고 있다.

시장조사업체 네비건트리서치에 의하면, 세계 자율주행차 시장은 2020년 전체 자동차 시장의 2%인 2000억 달러를 차지하고, 2035년까지 1조 2000억 달러에 이를 것으로 추정된다. 우리나라 역시 2020년부터 6년간 약 2조원의 재정을 투입해 본격적으로 자율주행차 산업을 육성할 예정이다.

미국자동차공학회는 자율주행차를 총 5단계로 나누고 있다.

- 1단계: 운전자 보조

  차선 이탈 방지, 긴급 제동 등 운전, 보조 기능이 개별 작동

- 2단계: 부분 자동화

  운전 보조 기능이 복합적으로 작동해 제한된 시간 자율 주행. 현재 양산되는 일부 자동차의 주행보조 시스템이 여기에 해당한다.

- 3단계: 조건부 자동화

  고속도로 및 도심의 특정 구간에서 운전자 감시 아래 자율 주행. 국내 자동차 회사와 대학 등이 시험 운행 중인 자율주행차가 3단계와 4단계의 중간쯤이다.

- 4단계: 고도화된 자동화

  대부분의 도로에서 시스템 통제 아래 자율 주행

- 5단계: 완전 자동화

  모든 도로에서 출발부터 주차까지 완전 자율 주행. 완전 자율주행차 구현을 위해서는 커넥티드카 기술(나와 자동차의 연결)이 필수적이다.

[그림] 자율주행차의 주요 부품 및 기능

출처 : 현대자동차

　자율주행차는 교통사고의 위험을 줄일 수 있고 장시간 운전으로 인한 피로를 해결해 주며, 연료효율에 도움을 줄 수 있는 장점이 있다. 출발지와 목적지를 입력하면 최적의 주행 경로를 선택하여 자동차가 알아서 목적지까지 사람을 이동시키고, 사람은 자동차 안에서 웹서핑과 인터넷, 영화감상 등을 하거나, 업무를 보면서 그 날의 일정을 체크할 것이다. 공상영화에서 보던 그 모습 그대로다.

　인간의 삶을 더 안전하고, 편안하게 만들어주는 자동차의 미래, 바로 자율주행차이다.

　현재 현대차는 운전자 조작 없이 '부분' 자율주행이 가능한 3단계 기술을 적용하고 있는데, 앞으로 운전자의 개입 없이, 자동차 스스로 달릴 수 있는 수준의 4단계 기술을 다듬어 2024년까지 상용화할 계획을 밝혔다. 2030년에는 5단계 기술인 완전 자율주행차,

즉 '무인차'의 개발을 완료할 것이라고 밝혔다.

🎮 나노 혁명

나노기술은 물질을 나노미터(1나노미터는 10억분의 1m로 머리카락의 10만분의 1 크기) 크기의 범주에서 조작, 분석하고 제어함으로써 지금까지의 기술적 한계를 뛰어넘는 물리, 화학, 생물학적 소재, 소자 또는 시스템을 창출할 것이다. 나노기술 산업은 모든 산업에 혁신을 유발하는 고부가가치 산업으로써 전통산업과 첨단산업의 연결고리 역할을 하며, 정보통신기술(IT), 생명공학기술(BT), 에너지기술(ET) 등을 융합시켜 새로운 혁신기술을 창조하는 미래 성장산업의 원동력이다.

나노소재로 만든 자동차는 현재 무게의 1/10 이하로 가벼워진다. 나노타이어는 구멍이 나면 스스로 구멍을 메운다. 상상조차 하지 못했던 일들을 현실로 만드는 기술이라 할 수 있다. 나노기술이 식량에 접목되면 육류와 채소 등에 복제해서 대량생산이 가능해진다.

에릭 드렉슬러는 그의 저서 〈창조의 엔진〉에서 나노기술은 인류의 건강 문제에서부터 식량 문제까지 모든 것을 바꿔놓을 것이며, 인류의 삶에 혁명을 가져올 것이라고 말했다. 나노기술은 서로 다른 기술과 융합함으로써 그 힘을 발휘한다. 의료, 환경, 에너지, 신소재, 식량, 물, 로봇, 박테리아, 바이러스 차단 등 여러 분야에 적용

[그림] 나노기술의 발전과 함께 현실화될 미래기술의 모습

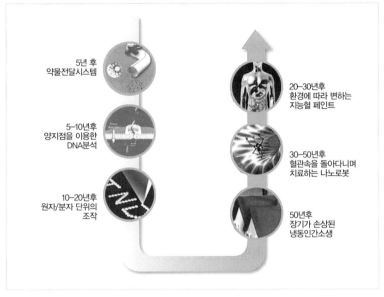

5년 후
약물전달시스템

5-10년후
양자점을 이용한
DNA분석

10-20년후
원자/분자 단위의
조작

20-30년후
환경에 따라 변하는
지능형 페인트

30-50년후
혈관속을 돌아다니며
치료하는 나노로봇

50년후
장기가 손상된
냉동인간소생

출처 : 나노종합기술원

되어 상상할 수 없었던 획기적인 변화들을 불러올 것이다.

나노 관련 시장은 2010년 5530억 달러에서 2020년에는 2조 5천억 달러로 성장할 전망이다. 우리나라의 나노 기술력은 미국, 일본, 독일에 이어 세계 4위 수준이며, 정부는 IT, BT, ET 등 3대 융합을 중심으로 나노기술의 상용화를 추진하고 있다.

나노기술의 확장성은 무궁무진하다. 특히 나노기술은 바이오기술과 융합해 단백질, 세포 등 생명체의 근원을 이루는 생체분자들을 분석 제어함으로써 질병예방과 노화방지, 난치병 치료 등 인류가 바라는 건강은 물론 생명 연장의 꿈도 실현시킬 것이다.

① 나노 소재 활용 에너지 하베스팅 기술

② 탄소나노

③ 나노탄소섬유

④ 몸속의 나노기계

⑤ 혈액 속 나노자동차

⑥ 나노입자 온열치료

바이오, 헬스케어

전세계적인 인구 고령화 현상과 미래 기대수명이 높아지면서 바이오와 헬스케어에 대한 관심이 증가하고 있다. 바야흐로 생명의 비밀을 풀기 위한 인류의 도전이 시작된 것이다. 빌 게이츠는 자신의 트위터에 "다시 대학생이 된다면 인공지능, 에너지, 생명공학을 공부하겠다"고 했을 만큼 바이오는 4차 산업의 핵심 분야 중 하나이다.

바이오 산업은 유전자, 세포, 단백질 등 살아 있는 생물학적 요소를 활용해 제품 혹은 서비스를 생산하는 산업군을 의미한다.

한국과학 기술기획평가원은 2017년 작성한 '기술수준 평가'에서 우리나라 바이오 기술력은 미국의 77.4% 수준으로 4.3년의 기술격차가 존재하는 것으로 나타났다. 국내 기술수준 상의 20개 항목 중 줄기세포기술은 미국대비 86.9% 수준으로 우리가 보유한 바이오 기술 중 가장 높다.

현재 시판되는 8개 치료제 가운데 4개가 한국산일 정도로 실력을 인정받고 있다. 바이오시밀러와 줄기세포, 유전자치료제 등 부가가치가 높은 첨단 바이오 분야에 우리가 갈 길이 정해져 있다. 글로벌 의약품에서 바이오가 차지하는 비중은 2016년 25%에서 2022년 30%로 증가할 전망이다. 주목할 점은 매출이 큰 상위 의약품일수록 바이오 비중이 이미 합성약을 넘어서고 있다는 것이다. 바이오산업은 개별환자의 특성을 통해 환자별 맞춤형 치료에 보다 효과적으로 접근할 수 있기 때문에 주목받고 있다.

2018년 국내 의약품 수출액은 역대 최고 실적을 기록하면서 '수출 5조원 시대'를 열었다. 식품의약품안전처에 따르면 2018년 의약품 수출액은 46억 7311만 달러(한화 약 5조5천억원)를 기록하며 수출 효자 품목으로 등극했다. 최근 5년 동안 한국 의약품 수출액은 연평균 17.9% 고속 상승세를 보였다. 특히 완제의약품 수출액은 전년대비 18% 이상 증가한 30억 8592만 달러를 기록하면서 최초로 30억 달러를 돌파했다.

한편 헬스케어 산업도 전세계적으로 6조 1500억 달러에 달하는 거대한 시장이다. GDP 대비 8.2%로 산업에서 차지하는 비중이 결코 적지 않다. 한국의 경우에도 총 950억 달러(114조 원, GDP 대비 7.6%)에 달한다.

전망도 매우 밝은 시장으로 헬스케어 3대 신패러다임을 살펴보면 다음과 같다.

① 예방의학 : 빅데이터, 웨어러블 기기, 구글 애플 삼성 등 제품
　　출시
② 맞춤치료 : 줄기세포 재생의학 기술 발달, 염기서열 해독
③ 홈케어 : 원격의료, 초고속통신망 등 환경 조성

　헬스케어와 IT기술이 접목되면 더 자유롭게 의료서비스를 받을
수 있다. 미래의 헬스케어는 건강관리에 시간과 공간의 제약이 없
어질 것이다.

① 웨어러블 기기
② 유전자 가위
③ DNA
④ 암 정복
⑤ 생명 연장
⑥ 의료 관련 신기술의 등장
⑦ 뇌과학

미래의 에너지

전세계적으로 생산되는 전력의 총량은 약 14조 와트이다. 그 중 석
유가 33%, 석탄 25%, 천연가스 20%, 생물자원과 수력 15%, 핵에

너지 7%, 태양에너지와 재생에너지 0.5% 등이다. 하지만 향후에는 에너지원의 비율이 극적인 변화를 거듭할 것이다.

오늘날 인류의 에너지를 담당하는 대세는 석유이다. 하지만 석유는 그 매장량에 한계가 있기 때문에 언젠가는 고갈될 운명을 갖고 있다. 석유를 대체할 에너지원이 없다면, 인간의 발전은 거기서 멈추고 말 것이다.

지금까지 인간은 석탄과 석유 등 화석연료에 의존해 왔다. 향후에는 자원이 무궁무진한 연료가 새로운 에너지원으로 등장한다. 석유를 대체할 가장 유력한 에너지원은 태양과 수소를 꼽을 수 있다.

[그림] 핵융합

출처 : 국가핵융합연구소

거기에 핵융합이라는 새로운 에너지원이 에너지시장의 판도를 바꿀지도 모른다.

핵융합에너지는 자원량이 풍부하고, 어디서나 획득 가능하며, 저 환경 파괴로 친환경적인 녹색에너지이다. 21세기 에너지원이 가져야할 조건을 모두 충족시키는 최적의 대체에너지로 에너지 부족 문제와 지구 온난화 문제를 한 번에 해결할 수 있는 차세대 에너지원이다.

바이러스 연구

라틴어로 '독'을 의미하는 바이러스는 세균의 1000분의 1정도 크기로 너무 작아서 현미경을 사용해야만 볼 수 있으며 스스로의 힘으로는 자라지 못하고 동물, 식물, 세균 등 다른 생명체에 들어가야만 살아갈 수 있다. 바이러스는 크기가 매우 작기 때문에 종류에 따라서는 동물의 배설물이나 물, 공기 등을 통해서도 쉽게 확산될 수 있다.

인류의 역사는 한편으로는 바이러스의 역사이다. 연구가 불가능해 보이는 바이러스를 하나씩 점령하면서 인류는 수명을 연장시켜 왔고, 인간을 위협하는 대재앙으로부터 벗어날 수 있었다. 인간과 바이러스 간에 벌어진 전쟁에서 만약 인류가 패했다면, 지구상에 인간은 이미 사라지고 없을 것이다.

바이러스로 인해 인간이 당한 고통은 역사가 증명한다. 1387년 유럽에서 유행한 흑사병으로 유럽인구의 절반이 사망하였다. 1918년에는 스페인독감으로 5천만 명이 사망했으며, 1957년에는 아시아독감으로 100만 명이 사망하였다. 1968년에는 홍콩독감, 2002년 사스, 2009년 신종플루, 2012년 메르스, 2014년 에볼라, 2019년 아프리카 돼지열병 등 인류는 바이러스와 끊임없이 전쟁을 벌이는 중이다.

바이러스는 우리가 들어본 종류만 해도 그 수가 매우 많다. 메르스, 에볼라, 사스, 조류독감, 바이러스, 진드기, 아프리카 돼지열병 등을 비롯해 지금도 인간을 수시로 공격하는 감기와 독감 바이러스까지 다양한 형태가 존재한다. 한번 유행하면 상상을 초월할 정도로 인류에 치명적인 상해를 입힌다. 새로운 바이러스가 출몰할 때마다 인류는 공포에 빠진다. 언제 어디서 나를 공격할지 가늠하기 어렵기 때문이다.

새로운 바이러스의 출현, 그리고 인간 대 바이러스의 전쟁은 앞으로도 계속될 것이다.

양자컴퓨터

기존 컴퓨터가 1만 년 동안 수행해야 하는 작업을 단 몇초 만에 해결할 수 있으며, 기존 컴퓨터보다 1억 배 빠른 것이 양자컴퓨터이

[표] 양자컴퓨터 활동 주요 분야

물류산업	배송지를 시간 손실 없이 가장 효율적으로 도는 물류 노선 최적화 작업에 활용
인터넷 광고업체	인터넷 이용자 개개인의 특성에 맞는 맞춤형 광고 도입
금융회사	주요경제환경 고려해 리스크 분석 마친 식, 채권 투자포트폴리오 구성 및 금융 상품 개발
화학업체	대규모 분자 데이터 분석에 근거한 고기능 화학제품 개발
제약사	신약 개발 등에 활용
사이버 보안	안면 인식, 홍체 인식, 지문 인식 및 인간 행동패턴 분석에 따른 보안 시스템 구축

출처: 니혼게이지이

다. 물질의 양자적 성질을 활용한 디지털 컴퓨터보다 압도적인 연산 능력으로 주목받고 있다. 양자컴퓨터가 상용화되면 슈퍼컴퓨터로도 처리할 수 없었던 방대한 양의 빅데이터 계산이 가능해진다. 기상현상에 대한 예측은 물론, DNA를 비롯한 인간의 신경망 분석, 광대한 우주를 분석하는 일까지 가능해진다.

자율주행차가 도로를 안전하게 운행하려면 충돌을 막기 위한 차량 간 간격은 물론 교통시스템을 분석할 수 있는 컴퓨터가 필요하다. 기존 컴퓨터로는 한계가 명확하기 때문에 반드시 양자컴퓨터가 개발되어야 한다.

전세계 물리학자들은 양자컴퓨터를 활용하면 물류, 금융, 화학, 제약, 보안, 유전정보 등 다양한 분야에서 혁신을 이룰 것이며 디지털 컴퓨터로는 어려웠던 다양한 분자 구조를 분석해 신약개발 활용과 일상생활을 더욱 편리하게 할 신소재 개발 또한 쉬워질 것이라 말하고 있다. 뿐만 아니라 양자컴퓨터를 사용하면 각 환자에게 꼭 맞는 처방과 의료서비스 제공이 가능하다. 이처럼 세상을 뒤집을 꿈의 컴퓨터, 양자컴퓨터 개발에 구글과 마이크로소프트, IBM 등 선도적인 글로벌 기업들이 앞다투어 전력투구하고 있다.

자기력의 시대

21세기는 상온에서 작동하는 초전도체, 즉 자기력의 시대를 맞이하고 있다. 자기력이 상용화되면 전기의 시대는 저물 것이다. 자기력을 활용하면 각종 이동수단은 공중에 뜬 채 어느 곳이든 갈 수가 있다. 이 자체만으로도 땅 위에서 움직이는 물체에 일대 혁명이 일어날 것이다.

우리나라에서 가장 속도가 빠른 교통수단은 KTX며, KTX의 최고 시속은 305km이다. 그런데 초음속 진공열차인 하이퍼루프의 최고 시속은 6,400km에 달한다. 이는 총알의 속도보다 2배 빠른 것이다.

초고속 진공열차인 하이퍼루프는 자기장을 이용해 추진력을 얻고 바닥에서 1~2cm 떠 있는 상태로 달려 공기와의 마찰을 줄인 핵심 기술로 최고 속도는 시속 1,280km로 서울–부산을 15분에 달릴 수 있는 미래형 교통수단이다. 혁신의 아이콘인 일론 머스크 테슬라 창업자가 상용화에 나서 전 세계적인 관심을 끌고 있다. 머스크의 주장에 의하면 해저에 터널을 뚫을 경우 서울에서 뉴욕까지 가는 데 걸리는 시간은 2시간이면 충분하다. 2040년쯤이면 고속열차의 속도는 1,000km에 달할 것이다.

하이퍼푸프가 완성되면 시속 1,000km에 최대 속도 6,000km로 달리는 꿈의 교통수단이 지금까지 인간이 이용해온 비행기와 자동차, 선박 등을 모조리 사라지게 만들 것이다. 안전하고 빠르며 비용이 저렴하고 날씨와 상관없이 운행이 가능한 하이퍼루프는 대중교통 패러다임을 바꿀 혁신 기술로 주목받고 있다.

다가오는 로봇 시대

로봇은 기계, 컴퓨터, 전자를 비롯한 첨단 기술의 종합 시스템이라고 말할 수 있다. 로봇이 기계와 다른 점은 스스로 움직인다는 데 있다. 따라서 사람이 하기 힘든 일을 스스로 대신할 수 있다.

로봇은 반복적이고 위험한 노동에서 인간 노동력을 대신하기 위해 만들어졌다. 지금까지 로봇은 자동차, 반도체 등의 제조분야를 중심으로 발전해 왔다면, 2000년대 이후에는 정보기술, 음성인식 등 혁신적인 기술이 융합되면서 지능형 로봇으로 진화되고 있다. 인구의 고령화, 치료, 교육, 보안 등에 대한 수요증가와 삶의 질 향상이라는 면에서 로봇의 필요성은 날로 더해 가고 있다. 대표적인 로봇회사인 보스턴컨설팅그룹은 로봇시장은 2020년 429억 달러,

2025년 669억 달러까지 성장할 것으로 예상했다.

　로봇의 분야는 매우 다양한데, 의료로봇은 병원균과 암세포를 찾아 퇴치하고 불치병을 치료한다. 간병로봇과 의사로봇도 의료로봇에 해당한다. 무인정찰기나 무인병사처럼 사람을 대신해 전쟁을 치르는 로봇은 전쟁로봇이며, 자동차조립 등 사람의 일을 대신하는 로봇은 산업로봇이다.

　생활 속에서도 로봇은 활용되는데 청소기, 냉장고, 가사도우미부터 댄스로봇, 애완용로봇 등은 생활로봇의 범주에 들어간다. 농사를 대신 지어주는 영농로봇, 교육로봇, 해저로봇, 음악로봇 등 로봇은 다양한 분야에 활용되고 있으며, 박테리오봇, 분자로봇, 혈관 뚫는 로봇, 소셜로봇 등 그 범위도 계속 넓어질 것이다.

　또한 뇌 나노로봇 연구센터는 산업통상자원부 및 과학기술정보통신부의 지원을 받아 뇌 질환 치료용 약물전달 로봇 내비게이션 기술을 개발하고 차세대 뇌기능 조절기 과제를 통해 신개념의 뇌자극 플랫폼을 개발할 예정이다.뇌질환 치료를 가능하게 하는 표적 약물전달시스템 시장은 2024년 90조의 거대 시장에 이를 것으로 예측되어 나노로봇 내비게이션 시스템의 실용화 및 사업화를 통한 신제품 개발 시도는 의료로봇 분야의 기술혁신을 가져올 수 있고 정부가 목표로 하는 로봇산업 글로벌 4대 강국 달성에 크게 이바지할 것으로 보인다"하늘을 나는 드론로봇처럼 몸속을 돌아다니는 뇌 나노로봇 시스템의 실용화뿐만 아니라 신소재, 영상진단 장치 기반 나노 의료로봇 산업의 실용화를 추진하여 세계적으로 나노 의료로봇 산업을 선도할 수 있도록 역량을 증대시키겠다".라고 역설했다.많은 미래학자들은 앞으로 100년 이내에 인간의 능력을 뛰어넘는 로봇이 출현하리라 예상하고 있다. 미래에는 인간과 로봇이 조화를 이루어 공존하는 사회가 될 것이다.

센서혁명

4차산업혁명시대에는 센서가 첨병역할을 한다. 센서의 활용범위는 무궁무진하다. 미래형 자동차, 차세대 의료기기, 차세대 로봇, 지능형 물류, 나노가공장비, 청정기술뿐만 아니라, 일반기계에도 센서가 부착될 것이다.

투자자로서 센서시장은 눈여겨볼 필요가 있다. 센서시장의 연평균 성장률은 9.4%며, 세계적으로 2010년 642억 달러 시장에서 2020년이면 1417억 달러 시장으로 급성장할 것이다. 국내의 경우도 2010년 41억 달러 시장이 2020년에는 100억 달러 시장으로 성장할 전망이다.

4차산업혁명의 새로운 기술과 이를 통해 새로 출시되는 모든 제품들은 센서가 기본적으로 탑재될 것이다. 그만큼 센서는 생활 전반에 혹은 산업 전반에 광범위하게 활용될 것이다. 우리는 여기서 지난 산업혁명의 수혜자가 누구였는지 살펴볼 필요가 있다. 1차산업혁명을 통해 방직기, 방적기 업자들이 아닌 양모업자들이 최종 승리자로 남았다. 2차산업혁명에서는 자동차 회사가 아니라 석유업자들이 큰돈을 벌었고, 절대 망하지 않는 100년 기업의 기틀을 마련하였다. 3차산업혁명에서는 컴퓨터를 만드는 기업이 아니라 컴퓨터에 내장되는 소프트웨어 업체인 마이크로소프트와 휴대폰을 만들지는 않지만 휴대폰을 활용하는 기술을 펼친 애플이 승리자였다.

4차산업혁명 시대에는 그 분야가 무엇이든 모두 센서가 부착된다. 센서가 없다면 자율주행차도 움직일 수 없고, 로봇도 기능을 하지 못하며, 드론은 자신이 어디로 날아가야 할지 갈길을 잃고 헤맬 것이다. 가정용 로봇과의 대화도 불가능하며, 앞서 설명했던 수많은 기술들이 모두 무용지물이 되어 버린다. 센서야 말로 양털처럼, 석유처럼, 인터넷 익스플로러처럼 없어서는 안 될 핵심 자원이며, 어느 기업이 4차산업혁명에서 살아남는다 해도 센서를 필요로 할 것이다.

CHAPTER 4

한반도에 평화의
봄은 오는가?

한반도에 그토록 간절히 염원하던 평화의 봄이 온다면, 휴전선을 평화지대로 구상하고, 금강산을 넘어 백두산까지 관광이 허용되고, 끊겼던 철도를 연결하며, 핵시설을 파기하고, 군축에 합의하였다거나, 개성공단 재계문제와 철도를 통한 물류 혁신, 철도와 도로 건설 등 다양한 이슈들이 미디어를 통해 나올 것이다.

그동안 서로 비방만 일삼던 미국과 북한이 화해와 협력의 길로 가고자 노력하고 있다. 미국은 북한이 핵을 포기할 경우 지금까지 없었던 파격적인 경제적 지원을 약속하였다. 최근 북한은 고도성장을 목표로 적극적인 행보를 보이고 있다. 사회주의 노선을 걷던 중국과 베트남이 시장경제의 시스템을 받아들여 놀라운 경제성장을 이룩한 사실은 북한을 자극하기에 충분하다.

남북한의 지도자들이 여러 차례 역사적인 만남을 가지면서 한반도에 긴장완화 국면이 도래하였다. 미북은 2차례의 정상회담을 가졌고, 판문점에서 깜짝 만남을 가지기도 했다.

문 대통령은 한반도의 허리를 가로지르는 비무장지대(DMZ)를 국제평화지대로 만들자고 제안했다. UN연설에서 남북 간 평화가 구축되면 북한과 공동으로 DMZ의 유네스코 세계유산 등재를 추진하겠다고 밝혔다. 한반도 허리인 DMZ가 평화지대로 바뀌면 한반도는 대륙·해양을 아우르며 평화·번영을 선도하는 교량국가로 발전할 것이며 동북아 6개국과 미국이 함께하는 '동아시아철도공동체'의 비전도 현실이 될 수 있다고 말했다.

또한 통일 한국에 매우 우호적인 비전을 견지하고 있는 짐 로저스는 한국이 통일된다면 세계적인 투자처가 될 것이라고 예견하며 국제금융 콘퍼런스 기조연설을 통해 앞으로 10~20년 사이 한반도가 세계에서 가장 흥미진진한 국가가 될 것이라고 말했다. 또한 그는 일본은 반대하고 있지만 세계의 많은 나라는 한국이 통일되기를 바라고 있으며 한국이 반드시 통일될 것으로 믿는다고 밝혔다.이어 38선은 곧 붕괴되고 없어질 것이며, 그렇게 된다면 한반도는 부동의 1위 투자처가 될 것이라면서 통일로 철도가 개방되어 대륙과 시베리아로 이어지면 한반도에 엄청난 기회가 열리게 된다고 덧붙였다.한국은 여기에 산맥과 해변, 사찰 등 관광과 문화자산도 많다며 통일이 되면 전 세계 모두가 한국의 변화에 관심을 갖고 궁금해 하기 때문에 관광산업의 잠재력도 충분하다고 본다고 언급했다.

한반도가 대화국면 및 통일의 희망으로 남북경협에 대한 관심이 높아지고 있다. 제도적 환경의 개선, 남북 국제 협력체제 구축, 비핵화 등 어려운 과제를 풀어야만 비로소 남북 신경제 시대를 만들어 나갈 수 있을 것이다.

최근 남북 경협주들은 남북이 급속도로 가까워지면서 여러 종목들이 크게 상승하였다. 1차 상승기에는 기업의 가치와는 무관하게 순전히 기대치에 의해 움직인다.

2차 상승기에 종목을 선별하는 방법은 간단하다. 대북사업과 관련하여 실제 공사에 참여하는 기업, 물품을 납품하는 기업, 정책적인 수혜를 받는 기업에 투자하면 된다. 사업에 참여하여 기업의 실적이 턴어라운드까지 된다면 주가의 상승폭은 그만큼 더 커질 것이다. 거기에 신가치투자를 적용하여 해당되는 기업이라면 기대치는 한 단계 더 올라간다.

CHAPTER 5

통일은 대박인가?

우리에게 주어진 시대적 과제는 통일이며 독일의 예처럼 다시 하나로 뭉칠 날이 올 것이라 확신한다.

투자의 관점에서 통일은 남북합의문에 자주 언급된 단어처럼 한 민족이 번영의 길로 가는 첩경이다. 골드만삭스를 비롯해 모건스탠리, 크레디트스위스, 맥쿼리 등 신용기관들은 대부분 "남북통일 후 5년 안팎 시점에서 한국의 국가 신용등급은 한두 단계 이상 오를 것"이라고 전망했다. 모건스탠리만 1단계 이상 오를 것이라 예상했고, 나머지 3곳은 2단계 이상의 도약을 예상했다.

통일 직후에는 통일 비용과 사회적 혼란 등으로 어려움을 겪겠지만, 5년이 지난 시점에는 나빠질 것이라고 예상한 곳은 한 곳도 없었다. 우리나라의 현재 국가 신용등급은 AA-(피치 기준)이다. 여기서 2단계가 오른다고 가정하면 AA+가 된다. 이는 최고 등급인

AAA(트리플 A) 바로 아래 단계로 영국이나 프랑스 등 유럽 선진국과 어깨를 나란히 하는 것이며, 일본보다는 두세 단계 위, 미국·독일·싱가포르 등에 이어 신용등급이 가장 높은 위치이다.

통일은 한국의 신용등급을 올리는 것은 물론 국가 브랜드 제고에도 크게 도움이 될 것이다. 지정학적 리스크의 해소와 함께 인구가 증가하고, 생산가능성 인구 등에 변화가 오기 때문이다. 이를 표로 정리하면 아래와 같다.

	한국	통일한국
인구	5180만 명(세계 27위)	7700만 명(세계 20위)
생산가능인구 비중	54%	58% 증가
GDP	1조6천억 달러(세계 12위)	6조560억 달러 (세계 5위)
1인당GDP	3만달러	8만6천 달러

한국은 저출산과 저성장, 고령화로 인해 성장동력이 약화되고 있는 실정이다. 하지만 통일은 이 문제를 일거에 해결하는 비책이 될 전망이다. 북한의 생산가능인구가 대거 유입되면서 전체에서 생산가능인구가 차지하는 비중이 54%에서 58%로 증가하기 때문이다. 교육수준이 높고 서로 말이 통하는 인력의 유입은 그 자체로 강력한 경쟁력이 된다. 뿐만 아니라 소비시장이 거대화되고 세계가 바라보는 시각이 바뀌어 국력이 한층 성장할 것이다.

더하여 북한에 매장되어 있는 주요 광물자원의 잠재가치는 약 3~6조억 달러에 달한다. 이는 한국의 24~50배이다. 특히 북한 지역에는 막대한 양의 희귀광물(희토류)이 매장되어 있는 것으로 보고되었다.

희토류라 불리는 이 광물들은 전기 및 하리브리드 자동차, 풍력 · 태양력 등에 반드시 필요하며, 스마트폰 등의 IT산업, 카메라 · 컴퓨터 등의 전자제품, CRT · 형광램프 등의 형광체 및 광섬유 등에 필수적일 뿐만 아니라 방사성 차폐효과가 뛰어나기 때문에 원자로 제어제로도 널리 사용되고 있다. 미래 산업에 반드시 필요하고, 전세계적으로 매장된 곳이 많지만 환경오염, 채굴과정에서 인체에 유해한 관계로 지금은 인건비가 싼 중국에서 주로 생산되고 있다. 실제로 희토류의 주요 생산지인 중국은 희토류를 협상의 주요 도구로 사용하고 있다.

통일한국의 국방비 절감 효과도 무시할 수 없다. 현대경제연구원은 "2050년 통일이 된다고 가정할 때 군축을 시작으로 단계적으로 양측의 무기를 폐기하여 영구적인 평화통일의 길로 간다면, 누적으로 1조8,862억 달러가 절감될 것으로 추산되며, 그 효과로 인해 1인당 GDP는 8만6천 달러에 달해 영국이나 일본을 앞설 것으로 보인다"고 발표하였다.

그 밖에 한반도의 통일을 바라보는 여러 시각도 함께 살펴보자. 미래학자 조지 프리드먼과 함께 골드만삭스, 영국의 경제경영연구소, 짐 로저스, 그리고 문재인 대통령의 언급을 요약하면 다음과 같다.

2050년 이전에 대한민국은 통일이 될 것이며, 이때 GDP는 세계 5위권에 진입하고 1인당 GDP는 약 8만 달러에 이를 것으로 예상된다. 평균수명은 120세까지 늘어나고, 성장률을 보면 남한 10%, 북한 17%로 예상되면서 남한은 다시 한 번 고도성장기의 부흥을 경험할 것이고, 북한은 세계사에 유래가 없는 높은 성장률을 구가할 것이다. 또한 중국이 소련처럼 해체의 길을 걸으면서 우리의 고토인 만주땅은 아마도 한반도에 편입되어 있을지도 모른다.

통일이 되는 과정에서 미국의 역할을 빼놓을 수는 없다. 미국은 한반도 통일을 통해 중국과 북한 문제를 동시에 해결하는 데 목표를 두고 있다. 만약 통일이 된다면 일거에 두 가지 문제가 해결이 된다.

그 이유는 다음과 같다. 국제정치질서에서 지정학적 위치는 매우 중요하다. 세계사를 살펴보면 국가마다 거리가 먼 나라와는 가까이 지내고, 거리가 가까운 나라와는 앙숙인 경우가 많다. 우리만 보더라도 가장 가까운 중국, 일본과는 마찰이 끊이질 않는 반면 먼 나라인 미국과는 상호 우방이라는 친밀한 관계를 유지하고 있다. 우리가 멀고 먼 유럽의 어느 나라와 외교적인 마찰을 일으킨 적이 있는가? 크게 생각나는 사건이 없다.

베트남전을 거치며 미국과 베트남은 원수가 되었다. 그러나 지금은 어떤가. 베트남은 이미 친미국가가 되었다. 더불어 미국의 전폭적인 지원을 받으면서 초고속으로 성장하는 나라로 바뀌었다. 베트남은 중국과 국경이 맞닿아 있다. 미국이 베트남에 접근한 이유

머니게임시대, 주식이 답이다

는 자명하다. 바로 중국을 견제하기 위한 포석이었던 것이다.

한반도 문제도 이와 다르지 않다. 남한과 북한이 통일이 된다면 미국 입장에서 북한문제는 자동으로 해결이 되고, 통일한국이 중국과 국경을 접하면서 중국을 압박하는 위치에 선다. 미국의 노림수가 바로 여기에 있다고 생각된다.

여러 가지 이유들로 인해 나는 한반도가 머지않은 미래에 통일이 될 것으로 확신한다. 통일한국은 인구가 늘어나 경쟁력 있는 내수시장을 확보할 전망이며, 국력도 한층 상승할 것이다. 앞서 언급한 영국의 경제경영연구소는 2030년대에 통일이 성사될 것이며, 이를 통해 대한민국이 영국과 프랑스를 꺾고 세계 6위의 경제대국이 될 것으로 전망하였다.

우리의 과거를 돌이켜보면 드라마보다 더 드라마틱한 성장을 해왔던 것이 사실이다. 1960년대만 해도 한국은 해외의 원조를 받는 국가였다. 당시 한국의 1인당 GDP는 불과 80달러로 세계 최빈국의 위치였다. 당시 북한이 240달러, 필리핀은 800달러였다. 지금도 후진국의 대명사처럼 일컬어지는 국가들보다 낮은 곳에 한국이 있었다. 하지만 한국은 높은 경제성장률을 계속하면서 1987년 1인당 GDP 1만 달러시대를 열었고, 2007년 2만 달러, 2018년 3만 달러를 달성하였다. 실로 놀라운 성장이 아닐 수 없다.

성장을 바탕으로 한국은 현재 인구 세계 27위, 면적 107위, GDP 11위, 군사력 7위, 수출 5위라는 강대국의 반열에 올라 있다.

여기에 통일은 한국의 지위를 한 단계 더 상승시키는 촉매제가 될 것이 분명하다. 통일한국은 명실공히 강대국으로 인정받는 데 손색이 없다. 인구는 독일과 비슷한 세계 20위까지 뛰어오르고, 군사력은 세계 5위로 프랑스와 어깨를 나란히 하며, 국토의 면적도 영국과 비슷한 78위까지 상승한다. 특히 한국의 국력은 통일 후 10년 내에 세계 5위권에 육박한다.

중국과 러시아, 그리고 일본은 왜 한반도의 통일을 내심 반대하는가? 바로 강대국의 출현을 우려하는 것이다. 앞서 가까우면 멀고, 멀면 가깝다는 국제정치질서를 언급하였다. 통일한국이 강대국의 반열에 올라선다면 우리와 가까운 중국과 러시아, 일본은 껄끄러울 수밖에 없다.

미국은 이 사실을 잘 알고 있으며, 이를 통해 러시아를 비롯 중국을 견제할 수 있으므로(일본은 이미 미국의 우방이므로 견제할 필요가 없다. 물론 경제적인 견제는 계속하겠지만) 한반도의 통일을 추진하고 있는 것이다.

한반도의 통일문제는 이처럼 미국이 대표하는 해양세력과 중국과 러시아가 대표하는 대륙세력의 싸움이다. 이미 G2의 반열에 오른 중국과 확고한 G1인 미국이 개입된 국제질서 속의 문제로 볼 수 있다.

통일한국은 해양에서 육지로 가는, 또는 육지에서 해양으로 나오는 통로 또는 가교역할을 하면서 탄탄한 입지를 굳혀갈 것이다. 주변 강대국들과 어깨를 나란히 하거나 혹은 더 앞서가는 국력을 갖게 될 것이다.

[차트] 독일DAX 50년차트

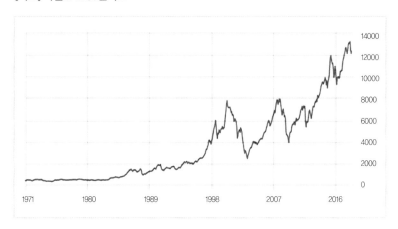

투자자라면 이러한 미래한국을 상상하면서 꿈을 꾸어야 한다. 거기에는 우리가 과거 한 번도 경험하지 못했던 일생일대의 기회가 있을 것이다.

주가의 흐름은 어떻게 변할 것인가? 투자자에게 어쩌면 가장 궁금한 부분이다. 섣불리 예측하기는 어려우나 독일은 좋은 역사적 예가 된다. 독일은 통일 후유증으로 인해 경제성장률이 하락하고 실업률이 증가하였다. 하지만 차트에서 보듯이 1990년 통일 이후 얼마간의 조정을 거친 후 대시세를 분출하였다. 그리고 지금은 유럽의 맹주로서 위치를 확고히 하고 있다.

독일의 예에서 보듯이 남과 북이 통일된다면 코스피지수는 최소 1만 포인트를 돌파할 것이며, 장기적으로는 수만 포인트를 향해 순항할 것으로 예상한다. 지정학적 리스크의 해소로 투자자들이 몰릴 것이며, 늙어가던 한국이 젊어지고, 중국과 러시아, 인도, 아세안,

유럽 등과 육로로 사람과 물자가 오갈 것이기 때문이다. 군사적인 대결 속에 반도의 끝에 위치했던 불리한 조건이 대륙과 해양을 연결하는 최적의 조건으로 바뀌는 일대의 역사적 사건이다.

📱 통일독일 과정의 주가

독일은 통일 직후 주가가 잠시 조정을 보였으나 이후 대시세를 분출한 바 있다. 이를 투자의 관점에서 보다 면밀히 살펴보자.

독일의 DAX 주가지수는 베를린 장벽이 무너진 후 약 49% 상승하였다. 6개월 동안 이 가격을 유지하다가 주가가 밀리면서 통일 당시의 주가로 되돌아가고 말았다. 이 위치에서 약 3년간 횡보하면서 매집기간을 거쳤다. 그런 다음 화려한 대시세를 분출하였다.

베를린 장벽은 1989년에 붕괴되었는데, 이보다 앞선 1988년에 주가가 선반영되면서 주가지수는 1,000포인트에서 1,400포인트까지 40% 상승하였다. 장벽이 무너진 1989년에는 1300포인트에서 1938포인트로 약 49% 상승하였다. 이후 수직상승하여 현재는 1만 2000포인트대를 오르내리고 있는 중이다. 바닥 대비 10배 이상의 상승이다. 이 기간 화려한 폭등장세가 진행되었다.

독일의 통일에는 미국의 도움이 절대적이었으며, 앞선 서독의 경제력과 국민들의 합심이 이뤄낸 쾌거라 할 수 있다.

[차트] 독일DAX 통일 과정 차트

출처: Thomson Reuters, 유진투자증권

독일 통일 전후의 증시를 정리하면 다음과 같다.

① 통일 전후 3년간 통일 기대감 : 1차 상승

② 3년간 통일 비용에 대한 우려 : 기간조정 매집

③ 경제적 통합이 이뤄지면서 인프라로 인한 GDP 증가 등의 실질적인 통일 효과 발생 : 폭등장세

독일 통일 과정에서 보듯이 남북한 통일이 이루어지면 현재 2000포인트에 있는 코스피 종합주가지수는 1만 포인트를 향해 역동적인 폭등장세를 연출할 것으로 보인다.

통일은 경제적인 측면을 제외하더라도 나뉘어 반목했던 둘이 하나가 된다는 것은 자신감 고취에 대단한 영향을 줄 것이다. 1+1=2

의 효과가 아닌 1+1=∞, 즉 무한대의 효과를 예상할 수 있다.

　미래학자인 프리드먼 박사는 통일한국은 향후 세계 5위의 경제대국으로 올라설 것이라는 전망까지 내놓았다. 더 나아가 골드만삭스는 2050년경 세계 2위의 경제대국까지 예상했다. 경제대국의 지위향상은 물론 남북이 새로운 출발점에서 힘차게 출발할 수 있다는 데에 가장 큰 의의가 있다. 그러므로 통일은 우리 민족에게 크나큰 선물일 것이다.